ハワイのいいもの ほしいもの

My Favorite Hawaii Things

永田さち子・文　宮澤 拓・写真

実業之日本社

Contents

Chapter 1 *Hawaiian Goods* ハワイならではの価値あるもの

№		
№ 1	ヴィンテージのフラドール	008
№ 2	ヴィンテージ復刻柄のアロハシャツ	010
№ 3	日本人創業者の製法を受け継ぐ メイドインハワイのサンダル	012
№ 4	クム直伝の手仕事で作る スーザンさんのラウハラ・グッズ	014
№ 5	聖なる木、コアウッドのジュエリーボックス	016
№ 6	ハワイの自然と伝統、スピリッツが凝縮されたハワイアンキルト	018
№ 7	ジェイク・シマブクロさん愛用のウクレレ	020
№ 8	ハワイ伝統技法のプリント	022
№ 9	ガーゼのように優しいモロカイ島生まれのパレオ	024
№ 10	ロコのフラダンサーもご愛用。ハワイアンプリントのドレス	026
№ 11	ヴィンテージ・ムームーのリメイクドレス	028
№ 12	手作り派におすすめしたいハワイアンプリントの布地	030
№ 13	ハワイの女性アーティストの先駆け ペギー・ホッパーさんの絵画	032
№ 14	今、いちばん輝く女性アーティスト クリス・ゴトーさんの作品	034
№ 15	ひとつはもっていたい ハワイアンジュエリー	036

Chapter 2 *Fashion Goods, etc.* ファッショングッズ&雑貨

№		
№ 16	美しいシルクスクリーンのクラッチバッグ	042
№ 17	おしゃれホテルと人気セレクトショップのコラボアイテム	044
№ 18	チットチャットの手作りポーチ	046
№ 19	ジャムズ・ワールドのリゾートウエア	048
№ 20	クールなハワイTシャツ	050
№ 21	オーガニックコットンのロンパース	052

N° 22	オリジナルプリントのアロハドレス&アロハシャツ	054
N° 23	ロコのサーフガールが愛用する 波にもまれてもずれない水着	056
N° 24	強力なイカイカ洗濯ばさみ	058
N° 25	海にも肌にも優しいサンスクリーン	059
N° 26	パタゴニア・ハレイワ店限定アイテム	062
N° 27	ジェイムスのキッチンタオル	064
N° 28	フラガールの箸置き	066
N° 29	パイナップル柄のホーローカップ	068
N° 30	ミツロウから作るエコなラップ	070
N° 31	ケイコさんの手作りコスメ	071
N° 32	優しい香りでホルモンバランスを 整える、月桃のティンクチャー	072
N° 33	アロハ・エリクサーのアロマキャンドル	074
N° 34	ハワイの香りのディフューザー	076
N° 35	ハレクラニの匂い袋	078
N° 36	ハワイモチーフのミニノート	080
N° 37	フラワーアレンジメントの写真集	082

Chapter 3 *Hawaiian Foods* ロコも大好き！ハワイの食べもの

N° 38	不動の人気を誇る パイナップル形のクッキー	088
N° 39	特別な人にあげたい 贅沢なマカチョコ	090
N° 40	ノースショア産のカカオで作る チョコレート	092
N° 41	やみつきになる チョコレート・ブラウニー	094
N° 42	元祖マラサダ	096
N° 43	クリームがぎっしり詰まった クリームパフ	098
N° 44	チェックの包装紙がかわいい ラブズのパン	100
N° 45	箱買い必至の クリームチーズスコーン	102
N° 46	香り高いハワイのコーヒー	104

Nº 47	懐かしさを感じる ハワイの和菓子	108
Nº 48	アンクル・ラニのポイモチ	110
Nº 49	乾燥梅干しのお菓子 リヒムイ	111
Nº 50	ハワイ産100％、非加熱のハチミツ	112
Nº 51	フランキーズ・ナーセリーの白いパイナップル	114
Nº 52	ハワイアン・スーパーフード ノニのジュース	116
Nº 53	古代ハワイアンの時代から 伝わるデトックスティー	118
Nº 54	カフク・ファームのリリコイバター	119
Nº 55	ラベルで選ぶハワイのクラフトビール	120
Nº 56	ハレイワで本格醸造するハワイの島酒、波花	122
Nº 57	ハワイの原種サトウキビから作るラム酒	124
Nº 58	タロイモのポテトチップス	126
Nº 59	フラガールが目印の乾麺	127
Nº 60	ロコが大好きなおやつ バターモチの素	128
Nº 61	ハワイの定番調味料	130

Must Eat！Local Foods

1【ポケ丼】ハワイ風刺身をご飯にのせた 丼もの大定番　040
2【シェイブアイス】ビーチ帰りに食べたい ハワイのひんやりデザート　086
3【ピピカウラ】秘伝のタレと、天井から吊るす"肉すだれ"が美味しさの秘密　132

おわりに　Afterword　134
Map　オアフ島／カイルア／ハレイワ／ホノルル／ダウンタウン／ワイキキ　136
Index　142

●住所、電話番号、営業時間、定休日、ウェブサイト、金額など、本書に記載のすべてのデータ及び記載内容は、2018年9月確認時のものです。その後の変動が予想されますのでご了承ください。また定休日以外に祝祭日の休業、イレギュラーな休みなども含め、重要な事項については、訪れる際に事前にご確認ください。

Chapter 1
Hawaiian Goods
ハワイならではの価値あるもの

Nº 1

Hawaiian Goods　　　　　　　　　　　　　　　　Chapter 1

Hula Doll

Nº 1
ヴィンテージのフラドール

1.100体以上のコレクションが並び、価格は$90〜200くらい。ポージング、表情などじっくり眺めて、お気に入りを見つけて。

　ハワイ好きなら、部屋にひとつは飾りたいフラドール。腰をくねらせ、ちょっとセクシーなポーズでほほ笑む姿は、どこか郷愁を誘います。そのフラドール、じつはハワイで作られたものではありません。「ヴィンテージ」と呼ばれるもののほとんどが日本製。1950〜60年代に作られ、お土産用としてハワイへ輸出されたものなのです。ボディが陶器でできているものが多く、同じポーズでも手の角度が微妙に違っていたり、中腰の姿勢や、男女カップルの「ダブル」と呼ばれるものなど、たくさんの種類があります。付属品もスカートの素材がビニールと自然素材の違いがあり、レイと髪飾りが布製のものも。それらがきれいに残っていることはもちろん、いちばん大切なのは表情の第一印象。じっと見つめて、気が合うひとつを連れて帰りたいものです。中国製、オーストラリア製もあるので、どこで作られたものかのチェックも怠りなく。

　ワイキキに近いカイムキのこの店へ行けば、たくさんの種類のなかから選べ、コンディションのいいものが見つかります。古いアロハシャツ、ブリキのおもちゃなどのコレクションも豊富。店の人がやたらと話しかけてこない無関心ぶりも居心地よくて、目的がなくてもふらりと立ち寄りたくなる場所です。

Surf 'N Hula Hawaii
サーフィン・フラ・ハワイ

MAP：P.139／ホノルル
3588 Waialae Ave., Honolulu
TEL：808-428-5518
営：10:30〜17:00（土曜〜16:00）
休：日曜

Hawaiian Goods   Chapter 1

Aloha Shirts

Nº 2
ヴィンテージ復刻柄のアロハシャツ

　ハワイでは日常着としてはもちろん、フォーマルウエアとして活躍するアロハシャツ。いくつものショップがあるなか、ハワイ滞在中に必ず立ち寄るのがここ。コレクターでもあるオーナーのKCさんが、自身のコレクションからベースとなる柄を選んでデザインし、日本で染色した生地をハワイで縫製しています。アロハシャツの着こなしにも並々ならぬこだわりを持つKCさん。そのセンスによるデザインとプリントの美しさ、そして丁寧な縫製も魅力。さらっとした肌触りは蒸し暑い日本の夏にぴったりだし、旅先なら手洗いしてバスルームに干しておけば、あっという間に乾くので、1～2枚持っているととっても便利です。

　アロハシャツって男性のものと思われがちですが、この店には丈が短め、サイドをシェイプした女性用も豊富。なかでも私が気に入っているのがパイナップル柄で、色違い、パターン違いを何枚か持っています。

　ところでアロハシャツのルーツがフラドール同様、日本にあるらしいということを知っていますか？プランテーションの労働力としてハワイへ渡った日本人移民が、着物をほどき前開きのシャツに仕立て直したことが始まりだという説があるのです。ならば、日本人に似合わないわけがない、と思えてきます。

1.1年365日アロハシャツで過ごすオーナーのKCさん。年に5パターンの復刻柄の新作が登場し、同じ色、パターンのものは作らないのが信条。男性用アロハシャツ$94～125、女性用$73。ドレスタイプは$94～110。

Kona Bay Hawaii
コナ・ベイ・ハワイ

MAP：P.140／ワイキキ
444 Ena Rd., Honolulu
TEL：808-223-3390
営：10:00～18:00
休：無休
www.konabayhawaii.com

Hawaiian Goods　　　　　　　　Chapter 1

Hawaiian Sandal

N° 3
日本人創業者の製法を受け継ぐ
メイドインハワイのサンダル

1│2

1.左／女性用$119.95、右／ユニセックス$114.95。2.熟練の職人さんによる手作業の行程は健在ながら、環境に優しい素材を取り入れるなど、少しずつ進化を続けています。

Island Slipper Store
アイランド・スリッパー

MAP：P.141／ワイキキ
2201 Kalakaua Ave., Honolulu
(ロイヤル・ハワイアン・センター A 館 2F)
TEL：808-923-2222
営：10:00〜22:00
休：無休
www.islandslipper.com

　アイランド・スリッパー社は1946年、日系移民の本永ファミリーにより創業されました。創業家が会社を手放すことになり、現在のオーナー、ジョン・カーペンターさんが引き継いだのは1986年のこと。そのとき「メイドインハワイと昔からの工程を守り続ける」と誓ったのだそうです。8年前、初めて工場を見せてもらって驚いたのは、使い込まれた足型、年代物のプレス機や足踏みミシンの存在とともに、ソールの接着やストラップの取り付けがすべて手作業だったこと。

　今回、再訪した私を案内してくれたのは、ジョンさんの息子で副社長のマットさん。「そろそろ世代交代なのかな……」と思いつつ向かった先には、8年前とほとんど変わらない光景があり、その変わらないさまが懐かしくもあり、安心しました。

　「サンダルはとてもシンプルな形のなかにたくさんの工程が詰まっていて、機械化できない部分が多いのです」とマットさん。職人さんの平均勤続年数は15年。なかには社長のジョンさんより長く、50年以上働いている人もいるそうです。初めて足を入れた瞬間から、履き慣れたサンダルのように足裏にしっくりなじむのは、こうした手作業の工程と、創業者の思いが確かに受け継がれているからなのでしょう。

Hawaiian Goods　　　　Chapter 1

1｜2

1. スーザンさんに、実際に編む様子を見せてもらいました。
2. 色の濃い部分は草木染め。二色使いはクムから習ったもの。バッグ $200 〜、帽子 $300 〜。

Kealopiko
ケアロピコ

MAP：P.138 ／ホノルル
1170 Auahi St., Honolulu
（サウスショア・マーケット内）
Tel. 808-593-8884
営：10:00 〜 20:00
（金・土曜〜 21:00、日曜〜 18:00）
休：無休
kealopiko.com

Lauhala Goods

№4
クム直伝の手仕事で作る スーザンさんのラウハラ・グッズ

　ハワイ語で「ラウ」は葉、「ハラ」はハワイに自生する固有の植物。この葉を乾燥させ編み込んだものがラウハラ編みです。小物やマットで似たものをよく見かけますが、フィリピンなどの東南アジア製が多く、ハワイで作られているものはロコアーティストの作品を扱う専門店でなければ手に入りません。そのラウハラ・グッズを、オアフ島東部のカネオヘで手作りしているのが、スーザン・スワートマンさんです。

　スーザンさんがラウハラ編みの魅力に取りつかれたのは20年前のこと。帽子がほしくて方々を探したものの気に入ったものが見つからず、ラウハラ編みのクム（家元のような存在）に作ってもらえないか相談しました。すると、「編み方を教えてあげるから、自分で作ってみなさい」と言われたのだそうです。それから15年間、週2回クムのもとへ通い続け、その技術を習得しました。現在では自身の作品を作りながら、10人以上のお弟子さんを抱えています。

　ラウハラ編みのなかで最も難しいのは帽子作り。1個を編み上げるのに2週間近くかかるそうです。さざ波のようなパターンが、スーザンさんのオリジナル。クムから受け継いだ技術に、スーザンさんのセンスが加わって、とてもモダンなものになっています。

N° 5

Hawaiian Goods　　　Chapter 1

1 | 2

1.ジュエリーボックス$310、コアウッドのリング各$349。虎の目のような木目には神が宿るとされます。使い込むうちにだんだんと深みのある色になっていくのも魅力。2.アクセサリーのほか、熟練の職人によって作られた家具などのコアウッド製品が並びます。

Martin & MacArthur
マーティン&マッカーサー

MAP：P.138／ホノルル
1200 Ala Moana Blvd., Honolulu
（ワード・センター内）
Tel：808-591-1949
営：10:00〜20:00
　（金・土曜〜21:00、日曜〜18:00）
休：無休
martinandmacarthur.com

Koa Goods

N° 5
聖なる木、コアウッドのジュエリーボックス

　ウクレレや高級家具に使われるコアウッド（コアの木）は、世界中でハワイ諸島にしか生息しない、とても貴重な木です。古代ハワイアンの時代には精霊が宿るとして崇められ、伐採するときにはカフナ（祈祷師、預言者）による祈りとともに多くの供物を捧げたそうです。軽くて水にも強いため、カヌーや家具に、また葉は燃やした灰を薬用に、樹皮は薄く叩き伸ばして生地にと活用されてきましたが、身分の高い王族しか使うことが許されませんでした。現在では伐採することはもちろんのこと、たとえ自然に倒れた木であっても採取は禁じられています。

　貴重な木だけに高価なものが多いのですが、お守り代わりに身に着けるハワイアンも多くいます。リング、ペンダントヘッドなどのアクセサリーのほか、スマホケース、腕時計のベルト、メガネフレームも。とはいえ、それらはあまりに渋すぎる。というわけで、選んだのはジュエリーボックス。大切なアクセサリーをしまっておくにはぴったりです。

　ところで、コアウッドの美しさを知るためにぜひ訪れてみたいのが、ダウンタウンの『イオラニ宮殿』。コアの大階段があり、天に向かって延びるその姿が、かつてのハワイ王朝の隆盛を物語っています。

N° 6
ハワイの自然と伝統、スピリッツが凝縮されたハワイアンキルト

1. ハワイアンキルトに魅せられたことがきっかけとなり、ハワイの伝統や文化、女性の生活、さらに植物などの自然にも興味を持って学んだというアンさん。
2. キルトパターンのデザインは、すべてオリジナル。年に1〜2回来日し、日本でもワークショップを開催しています。

　ハワイアンキルトの誕生は19世紀の初めごろ。キリスト教布教のためやってきた宣教師の妻たちにより、洋服の布地とともに裁縫やキルトの技術が伝えられました。無地の布地に大きなデザインをアップリケにしたものが始まりで、モチーフに使われるのはラウアエ（シダの仲間）やパンノキ、ハイビスカスなどハワイで見られる植物が中心。地面に映る木の葉や花の影から、パターンのデザインが生まれたといわれます。

　それまでハワイには存在しなかった貴重な布地を使い、幾重にもステッチを重ねて作るハワイアンキルトは、完成まで1年近くかかります。もともと母から娘へ、さらにその子どもへと代々伝えていく家宝のような存在だったため、作って販売するという考えはハワイアンにはなかったのだそうです。

　そんな伝統的な技術の数少ない伝承者が、アン藤原さん。「ハワイの土地、文化、歴史などすべての要素を学び、キルトに反映させることが大切」というのが、アンさんのコンセプト。その思いを伝えるため、スタジオレッスンやワークショップを開催しています。小さなフレームなら1日のレッスンで完成。ちくちくと針を刺しながら、かつてのハワイアンの女性たちの暮らしに思いを巡らせてみるのもいいものです。

Anne's Hawaiian Quilt Studio
アンズ・ハワイアンキルト・スタジオ

住所　非公開
（ワイキキ内、詳細は電話かメールで問い合わせを）
Tel：808-922-3451
anne-hawaiianquilt.com
E-mail: info@anne-hawaiianquilt.com

Nº 7

Hawaiian Goods　　　　　　Chapter 1

1 | 2

1.2018年3月にリリースされたジェイク・モデル『Jake Blue』$4,995。通常のモデルは$1,000台から。日本へのシッピングも可能です（送料別）。2.ファミリーを中心に、約20名のスタッフでウクレレ作りを続けています。

Kamaka Ukulele
カマカ・ウクレレ

MAP：P.138／ホノルル
550 South St., Honolulu
TEL：808-531-3165
営：8:00〜16:00
（ファクトリーツアーは火〜金曜の10:30〜約45分、5名以上は要予約）
休：土・日曜
www.kamakahawaii.com

Ukulele

№ 7
ジェイク・シマブクロさん愛用のウクレレ

　ハワイ、日本はもとより、全米でもその名を知られたウクレレ・プレイヤーのジェイク・シマブクロさん。ハワイアン・ミュージックにとどまらず、クラシック、ジャズ、ロックといったあらゆるジャンルの音楽要素を取り入れ、独自のサウンドを生み出した彼の登場により、ハワイのミュージックシーンは大きく変わったといわれています。そのジェイクが愛用しているのが、カマカのウクレレ。1916年、サミュエル・カマカさんが立ち上げたファクトリーで作られるウクレレは、世界中のウクレレファンを魅了する存在です。魅力は、なんといっても音色の美しさ。数年かけて乾燥させたハワイ原産のコアウッドをウクレレの形に成形し、サンディングと塗装を重ねていきます。すると木肌が少しずつダークな色に変わり、美しい音色を響かせるようになるのだそうです。形と大きさによりスタンダード、テノールなど9種類がありますが、すべて受注生産のため、注文から納品まで約2週間かかります。

　そこでおすすめなのが、ハワイ旅行の予定に合わせて日本からネットで注文し、現地のファクトリーで受け取る方法。せっかくなら、無料のファクトリーツアーにも参加したいもの。実際に作られている現場を目にすれば、手にしたウクレレへの愛着もひとしおです。

N° 8

Hawaiian Goods   Chapter 1

1. 日本の秋冬にも活躍しそうなワンピース $198、チュニック $128。2. リネンのブラウス $298、パンツ $280。3. 竹に手彫りした模様をスタンプして、生地のデザインに。4. 今、ハワイで最も注目されているテキスタイル・デザイナーのマナオラさん。そのオーラに圧倒されました！

Manaola Hawai'i
マナオラ・ハワイ

MAP：P.138 ／ホノルル
1450 Ala Moana Blvd., Honolulu
（アラモアナ・センター 1F）
TEL：808-944-8011
営：9:30 〜 21:00（日曜 10:00 〜 19:00）
休：無休
www.manaolahawaii.com

Traditional Hawaiian Print

N° 8
ハワイ伝統技法のプリント

　2017年、ニューヨーク・ファッション・ウィークのランウェイに、ひとりのネイティブハワイアンのデザイナーが登場し、センセーションを巻き起こしました。そのデザイナーとは、マナオラ・ヤップさん。露出度の高いボトムと、マントのようなトップスの組み合わせは、ハワイの王族の衣装をイメージしたそう。
　「ハワイといえばアロハシャツとムームーというイメージしかない。それを打ち破り、伝統的なものでも十分モダンになれることを伝えたかったのです」とマナオラさん。お母さんは有名なクムフラ（フラの家元）で、彼自身もフラダンサー、ひいおじいさんはハワイ大学の設立にかかわり、そのお母さんは王族のデザイナーだったとか。つまり彼は正真正銘のサラブレッド。
　「別の誰かが同じことをしたら、単に奇抜なだけと非難されたかもしれない。でも僕にはハワイの伝統文化が根付いた環境で育ち、それを知り尽くしているというバックボーンがある。その立場を生かし、ハワイのファッション界を変えていきたい」
　竹に手彫りした模様にインクを付けて布にスタンプする、「オヘカパラ」という伝統技法によるプリント柄が特徴。フォーマルな場でも通用するリゾートウエアとして、1着はほしいところです。

Hawaiian Goods — Chapter 1

Pareo from Molokai

N° 9
ガーゼのように優しい
モロカイ島生まれのパレオ

1.
1. コットン100％のパレオ$45。ショップではローカルデザイナーとコラボした洋服や小物も扱っています。

Kealopiko
ケアロピコ

MAP：P.138／ホノルル
1170 Auahi St., Honolulu
(サウスショア・マーケット内)
TEL：808-593-8884
営：10:00 〜 20:00
(金・土曜〜 21:00、日曜〜 18:00)
休：無休
kealopiko.com

　さらっとした生地は、汗をかいたり水にぬれても肌にくっつきにくく、適度にハリがあるのにガーゼみたいに柔らかな肌触り。海辺のリゾートではもちろんのこと、蒸し暑い日本の夏でも1枚あると重宝するのがコットン100％のこのパレオ。

　ケアロピコは2006年、ロコの女性3人がモロカイ島で立ち上げたブランド。オアフ島やハワイ島に比べ、あまりなじみがない島ですが、ハワイ先住民族の子孫が今でも多く暮らすことで知られています。ホノルルにショップを構えた現在でも、モロカイ島でハンドプリントして作る生地に描かれているのは、ハワイ固有の植物や鳥、魚など。ブランド名の『ケアロピコ』とはハワイ語で「魚のお腹の部分」という意味があり、「美味しいものが詰まったいちばん大切な部分」という想いも込めて、付けたそうです。

　70×40インチ（約180×100cm）のサイズは、肩から垂らして巻き付ければ、ワンピースのようにも使える大きさ。冷房が効いたレストランや、移動中の機内での防寒にも活躍します。同じ柄のワンピースやチュニックもあるのですが、日本へ持ち帰っても場所を選ばず活躍するのは断然このパレオのほう。優しい色合いにも飽きがこなくて、長く使えます。

Chapter 1 — Hawaiian Goods

Hawaiian Dress

№ 10
ロコのフラダンサーもご愛用。ハワイアンプリントのドレス

1│2

1.ロングスリーブのドレス$80。同じ柄でブラウス、チュニック、ミニからロングドレスまであり、素材もコットン、ポリエステルから選べます。2.毎月届く新しいプリントデザインは、一度限りの入荷。お気に入りを見つけたら、即買いです！

Manuheali'i
マヌヘアリイ

MAP：P.137 ／カイルア
5 Hoolai St., Kailua
TEL：808-261-9865
営：9:30 〜 18:00（土曜 9:00 〜 16:00、日曜 10:00 〜 15:00）
休：無休
manuhealii.com

　この店の服を着てワイキキを歩いていると、たまに知らないロコから声を掛けられます。「その服、とても素敵ね」と。フラショーに登場するダンサーにも、このブランドを着用している人は少なくありません。
　そんなロコにも人気のマヌヘアリイは、ハワイで見られる植物をモチーフにした美しいプリントが魅力。『ケアロピコ』（P.025）のナチュラルカラーとは対照的に、はっと目を引く鮮やかな色づかいが特徴です。
　オーナーで、デザイナーでもあるマヌヘアリイさんは東海岸のカイルア育ち。ハワイ大学のファッション科を卒業し、1985年にブランドを立ち上げました。ティーリーフ、シダの仲間のラウアエ、ハイビスカスなどを描いたプリント柄には、それぞれハワイの伝説からインスパイアされたストーリーがあり、そのためかフラの愛好者に熱狂的なファンを多く持ちます。
　大胆なプリント柄が多く、大柄な人、ふくよかな体形の人が着ると、いっそう見栄えがします。同じプリントでも生地の取り方によって柄の出方が違っているため、よく見比べて選びたいもの。うれしいことに、ロングドレスでも$90前後という比較的手ごろな価格。ただ私の経験上、洗濯を繰り返すと縮みが出るので、心もち大きめサイズを選ぶのがポイントです。

N° 11

Hawaiian Goods　　　　　　Chapter 1

Remake Dress

N° 11
ヴィンテージ・ムームーの
リメイクドレス

　デボラさんに初めて会ったのは、今からおよそ10年前。古着のムームーから作るリメイクドレスが評判となり始めたころでした。みるみる間に店が広がってスタッフも増え、年に1、2度訪れてもデボラさんとゆっくり話ができる機会はどんどん減っていきました。その人気絶頂期のなかで、店は突然のクローズ。彼女はハワイからいなくなってしまったとの噂も……。

　そのデボラさんが店を再オープンすると聞き、カネオヘの自宅を訪問。ワインを飲みながら店を閉めていた3年間のこと、じっくり聞くことができました。

　「旅をしたり、読書をしたり、絵を描いたりして過ごしていたの。なによりよかったのは、息子が9～12歳の3年間、一緒に過ごす時間をたっぷり持てたこと」とデボラさん。新しい店は以前に比べるととてもコンパクトで、リメイクドレスとともに、彼女が描いた絵画や廃品から作ったオブジェも飾られています。

　「もともと古着の山を見て、こんなに美しい布が見向きもされないのはもったいない、と思ってリメイクを始めたのだから、小さいスペースでマイペースにやっていくのがちょうどいいのよ」。ゴージャスに見えて、じつはとてもエコなリメイクドレス。いつもパワフルなデボラさんのように、着ると元気が出てきそう。

1	2
3	4

1.2.3.古着をリメイクしたドレスは、素材やデザインにより$185～395。端切れで作った同じ柄のポーチや、ボタンを組み合わせるのも楽しみ。4.「店を大きくして有名になりたいわけじゃないの。なにか環境にいいことをした痕跡を残せたら」とデボラさん。大工仕事もこなし、ラナイから海が見える自宅も自力でリフォーム。相変わらずパワフルです！

Mu'umu'u Heaven
ムームー・ヘブン

MAP：P.137／カイルア
326 Kuulei Rd., #2, Kailua
TEL 808-366-2260
営：10:00 ～ 16:00（日曜～ 14:00）
休：月・火曜
www.muumuuheaven.com

Hawaiian Textile

N° 12
手作り派におすすめしたい
ハワイアンプリントの布地

フラ用のパウスカートやムームー、ハワイアン小物作りに欠かせないハワイアンプリントの布地。裁縫はほとんどしない私ですが、布地だけは何種類も持っています。そのまま広げるだけで部屋がハワイっぽくなるから、テーブルクロス代わりにしたり、ガラクタを隠すために使ったり。その布地が1,500種類以上並ぶのがここ。フラスクールの生徒さんがコンペ前におそろいのユニフォームを作るため、押し寄せることでも有名な店です。ハワイアンプリントが圧倒的に多いのですが、レース、カーテン、カーペット用生地のほか、ムームー、エプロン、ウエディングドレスの型紙、キルトセット、数百種類の糸と針、ボタン、ファスナー、リボン、毛糸まで、手作りに必要な裁縫用品はほぼ網羅する「ハワイのユザワヤ」的な存在です。

購入するときは、ほしい布地のロールをカウンターに持っていくか、店の人に運んでもらい、ヤード（1ヤード＝約0.91m）単位でカットしてもらいます。パウスカート1着分で4ヤードが目安。オーダーは受け付けていませんが、隣の建物の2階に韓国人女性が経営する仕立て屋があり、パウスカート、ムームーは中1～2日で仕立ててくれます。型紙を持参すれば、好みに合わせて洋服も作ってくれるそうです。

1.

1. 100％コットンと、ポリエステル混合素材があり、1ヤード$3.99～6.95。小物作りに便利な端切れのセットも販売。2階はカーテン、カーペット、テーブルクロス用の生地のスペースになっています。

Fabric Mart
ファブリック・マート

MAP：P.138／ホノルル
1631 Kalakaua Ave., Honolulu
TEL：808-947-4466
営：9:00～19:00
休：無休
hawaiifabricmart.com

Nº 13

1｜2

1.オリジナルは小さなフレームでも$1,500くらいから。プリントのほか、手ごろなものではカレンダーやポストカードも。2.愛猫を描いた作品。ギャラリーでは不定期ですが、新作を発表する個展を開催しています。

The Pegge Hopper Gallery
ザ・ペギー・ホッパー・ギャラリー

MAP：P.138／ダウンタウン
1164 Nuuanu Ave., Honolulu
℡：808-524-1160
営：11:00 〜 16:00（土曜〜15:00）
休：日・月曜
www.peggehopper.com

Pegge Hopper

N° 13
ハワイの女性アーティストの先駆け
ペギー・ホッパーさんの絵画

　褐色の肌と強い意志を秘めた瞳が印象的なポリネシア女性を描いた絵画。ハワイのレストランやホテルで見かけたことがある人は少なくないでしょう。見る者を一瞬にして釘付けにするその絵の作者、ペギー・ホッパーさんはカリフォルニア生まれ。ニューヨークで産業デザイナーとして活躍したのち、出産を機にハワイへ移住してきました。ある日、出かけて行ったハワイの博物館で、ラウハラのマットの上に寝そべるポリネシアの女性たちの古い写真に出合い、喜び、悲しみ、苦しみのすべてを秘めた美しい目に魅入られ、画家として新たなテーマを得たといいます。

　そのペギーさん、現在御年80歳と少し。ヨガを始めたことがきっかけでブッダに興味を持ち、つい最近はインドを旅行してきたそうです。残念なことにこの日、ご本人には会えませんでしたが、旅行中の動画を見せていただき、年齢を感じさせない溌剌とした姿と、作品同様、強い意思を秘めた瞳がとても印象的でした。

　ハワイを思わせる海や植物のなかにたたずむ女性の絵がおなじみですが、ギャラリーにはロングドレスを翻しバイクにまたがる活動的な女性や、ニャンコを描いた作品も。オリジナルは高価なためなかなか手が出ないけれど、プリントなら$150くらいから買えます。

Hawaiian Goods　　　　　　　　Chapter 1

1 | 2

1.ストーリー仕立ての新作。ハワイを思わせる海に折鶴が舞う、独特の世界が描かれています。
2.鹿児島生まれのクリスさん。香港やニュージーランドで暮らした経験をもち、2006年にハワイへ移住。独学で絵画を学び、アーティストとしてのキャリアをスタートさせました。

Greenroom
グリーンルーム

MAP：P.141／ワイキキ
2330 Kalakaua Ave., Honolulu
(インターナショナル マーケット プレイス 2F)
Tel：808-377-6766
営：10:00 〜 22:00
休：無休
www.greenroomhawaii.com

Catch Up! Artist

N° 14
今、いちばん輝く女性アーティスト クリス・ゴトーさんの作品

　今、ハワイで最も勢いがあるアーティストのひとりがクリス・ゴトーさん。最近、ハワイへ行った人なら、あちこちで彼女の作品を目にしているはずです。ワイキキのクヒオ通りにあるスターバックス・リザーブの壁面、おしゃれホテル『サーフジャック』(P.045) の客室に飾られたフレーム画、セレクトショップで目にするTシャツ、トートバッグなど、その勢いを象徴するかのように、滞在中に目にしない日はないくらいです。

　彼女が描く作品にはコケティッシュな女の子のサーフシーンが多く、人物と緻密な背景が組み合わさり、現実と空想の世界が入り混じった独特の世界観が表現されています。初期の作品は顔が見えないものが多かったけれど、最近は表情も描くようになってきました。

　「ロコの日常のちょっとした場面を切り取って描いているの。以前はぽっちゃり型の女の子が多かったけれど、少しシェイプしてきました。私もだんだんと大人になって、作風に変化が出てきたのかもしれない」。そう語るクリスさんは、サーフィンとマンガが好きな、ごくごく普通の女の子。アトリエの書棚には手塚治虫や、私も学生時代に夢中になって読んだ作家のコミック本が並びます。そのギャップもまた、彼女の魅力。今後の活動から、当分は目が離せそうにありません。

Hawaiian Goods　　　　Chapter 1

1 | 2

1. 熟練の職人が手作りしています。シルバーとコアウッドを組み合わせたペンダントヘッド$595、ふたつのリングを合わせるとウミガメの形が完成し、ペアリングに人気のデザイン$375〜。
2. シルバーとターコイズの組み合わせのペンダントヘッド。左：Lサイズ$475〜、右：Sサイズ$395〜（チェーン別）。

Koa Nani
コアナニ

MAP：P.141 ／ワイキキ
2301 Kalakaua Ave., Honolulu
（ロイヤル・ハワイアン・センターC館1F）
TEL：808-923-8889
営：10:00 〜 22:00
休：無休
www.koanani.com

Hawaiian Jewelry

№ 15
ひとつはもっていたい
ハワイアンジュエリー

　本格的なハワイアンジュエリーをさりげなく身に着けるって、意外に難しいもの。ハワイ滞在中やハワイ好きが集まる場ならいいけれど、日本で普段使いするには、クラシックすぎて……と思うことは少なくありません。そこで選んでみたのが、『コアナニ』のハワイアンジュエリー。波やハワイ語でホヌと呼ばれるウミガメ、植物などの伝統的なモチーフを生かしつつ、現代的なセンスを取り入れていて、古くささが感じられません。シルバーやゴールドに、コアウッド、ターコイズを組み合わせた斬新なデザインも、カジュアルな洋服に合わせやすくなっています。

　ハワイアンジュエリー誕生の歴史は、約150年前のハワイ王朝時代にさかのぼります。英国王室との交流から生まれ、リリウオカラニ王女が身に着けたバングルが起源といわれています。やがてハワイアンの間では親から娘へ、恋人同士の間で、ハワイの自然にまつわるモチーフとともに相手の名前を刻んで贈るようになりました。ジュエリーに刻まれたモチーフにはそれぞれ意味があり、例えばウミガメは幸福を運んでくるシンボル、波は絶え間なく続く愛や繁栄を表しているのだとか。モチーフに込められた意味を知って選べば、長く愛せる一生ものになります。

Must Eat！ Local Foods 1

Poke Bowl

【ポケ丼】
ハワイ風刺身をご飯にのせた丼もの大定番

ポケ（ポキ）とは、伝統的なハワイ料理のひとつ。ハワイ語でアヒと呼ばれるマグロや、タコ、エビなどの魚介を角切りにし、しょうゆ、ごま油、ハワイアンソルトなどの調味料で和えてネギやオゴ（海藻の一種）を散らした、ハワイ風の刺身ともいえるものです。専門店があるほか、スーパーのデリコーナーには必ずといっていいほど並び、レストランの前菜メニューにも登場する、ハワイではとてもポピュラーな料理。これをご飯にのせたものが、ポケ丼です。ハワイ近海で捕れるマグロは高級日本料理店の刺身や鮨ネタにもなるほど美味しいことで知られ、ホノルル港の魚市場ではかつての築地市場同様、1本ずつセリにかけられます。そのマグロを丸ごと1本仕入れ、店でさばいて作られるのが、『アイランド・ヴィンテージ・コーヒー』のポケ丼。店名からもわかるように、ここはコーヒー専門店。しかし、フードメニューのなかでも、ポケ丼のレベルの高さは群を抜いています。見た目が華やかなのは、女性客が多い場所柄もあり、栄養バランスを考えて海藻や野菜をトッピングしているから。ワイキキのまん中で食べる絶品ポケ丼、ローカルの人気店を凌駕する美味しさです。

ショウユリム（手前）と、スパイシー各 $14.95。ご飯は、白飯か五穀米のどちらかを選べます。

Island Vintage Coffee
アイランド・ヴィンテージ・コーヒー
MAP：P.141 ／ワイキキ
2301 Kalakaua Ave., Honolulu
（ロイヤル・ハワイアン・センター B 館 2F）
TEL：808-926-5662
営：6:00 〜 23:00
　　（食事メニューは 6:30 〜 22:00）
休：無休
www.islandevintagecoffee.com

Chapter 2

Fashion Goods, etc.

ファッショングッズ & 雑貨

N° 16

Fashion Goods, etc.   Chapter 2

1 | 2

1. クラッチバッグは、ミニミニからちょっと大きめのオーバーサイズまであり、$41〜70。デザインパターンは約30種類。色と模様を組み合わせて作る、カスタムオーダーにも対応しています。2. 2歳と5歳のママでもあるジャナさん。将来は子ども服を手掛けるのが夢なのだそうです。

Jana Lam Studio+Shop
ジャナ・ラム・スタジオ＋ショップ

MAP：P.138／ホノルル
851 Pohukaina St., #C11, Honolulu
TEL：808-888-5044
営：10:00〜17:00（土曜〜16:00）
休：日曜
www.janalam.com

Clutch Bag

Nº 16
美しいシルクスクリーンのクラッチバッグ

　スクリーンの下から美しいグラデーションでプリントされたパイナップルやハイビスカスが現れる様子は、まるで魔法を見ているよう。メッシュにインクを透過させ、布地にプリントしていく方法はシルクスクリーンと呼ばれ、シャドープリントという、ちょっとかすれた感じが特徴。同じ柄でも色やグラデーションによって印象が変わることも、ハンドプリントならではの魅力です。ひと目見ればジャナ・ラムとわかる美しい布地で作るバッグやポーチは、ハワイのセレクトショップで引っ張りだこの人気。アトリエとショップを兼ねたこの店では、実際のプリント風景を間近で見ながら、商品を選ぶことができます。

　ハワイ生まれのジャナ・ラムさんは、インテリアデザインの勉強をしていて、裁縫好きのお母さんの影響でバッグを作り始めました。現在はジャナさんを含め4人の女性が、ここで生地のプリントから裁断、裁縫、ジッパーやストラップを付ける工程のすべてを手作業で行っています。ブランドの代名詞といえるクラッチバッグは、カバー部分を開けたときに見える裏地の可愛さもポイント。布製バッグにしてはなかなかのお値段なのですが、手作りの工程と丁寧な仕上がりを見れば納得の価格といえます。

Fashion Goods, etc. Chapter 2

1 | 2

1. ホテル名入りのトートバッグ $48。ビーチにも、ショッピングにも使えます。2. デニムのトートバッグ $24、季節によってカラーが変わるTシャツ $40。秋冬に登場するパーカータイプも人気です。

Olive & Oliver
オリーブ&オリバー

MAP：P.140 ／ワイキキ
412 Lewers St., Honolulu
(ザ・サーフジャック・ホテル&スイムクラブ 1F)
TEL：808-921-2233
営：8:00 〜 21:00
 (コーヒーバーは 6:00 〜 19:00)
休：無休
www.oliveandoliverhawaii.com

Tote Bag

N° 17
おしゃれホテルと人気セレクトショップのコラボアイテム

　ワイキキの中心にありながら、ビーチバンガローみたいなインテリアと、アットホームな雰囲気が人気のホテル『サーフジャック』。プールサイドにあるセレクトショップにうっかり足を踏み入れてしまうと、とても危険！　ハンガーにかかる洋服やアクセサリー、ディスプレイされている雑貨の一つひとつまでがカッコよくて、むらむらっときてしまうのです。
　ここは、東海岸のビーチタウン、カイルアにある『オリーブ』と『オリバー』という2軒のセレクトショップがひとつになった店。それぞれ、女性用と男性用のアイテムを扱い、ロコからも絶大な人気を誇ります。その雰囲気をワイキキにいながらにして味わえ、さらに、ここでしか買えないホテルとのコラボアイテムが並ぶとなれば、ほしくなって当然ではないでしょうか。
　普段使いにちょうどよくて、自分用にほしくなるものが多く、シンプルなデザインなんだけどセンスよし。ホテルとショップの名前が入っているだけのバッグやTシャツに、なんでこんなにそそられるのかなぁ……。代表が大容量のトートバッグ。ビーチやショッピングの行き帰りに持ち歩くのにちょうどよく、日本で持っていても、ちょっとアンテナを張っているハワイ好きの人から、注目されること間違いなしなのです。

Fashion Goods, etc.   Chapter 2

1. ポーチは大きさにより $15〜、大きめのバッグは $200。「aloha」のロゴ入りポーチ $28。
2. 布地に囲まれた部屋でミシンをかけるチトさん。一つひとつ手作りなので、大量生産はできませんが、そこもまた魅力。

Greenroom（Sheraton Waikiki）
グリーンルーム（シェラトン・ワイキキ店）
MAP：P.141 ／ワイキキ
2255 Kalakaua Ave., Honolulu
（シェラトン・ワイキキ 1F）
TEL：808-931-8908
営：8:00 〜 22:00
休：無休
www.greenroomhawaii.com

Chit Chat Hawaii

N° 18
チットチャットの手作りポーチ

　20年以上前、初めてハワイを訪れたとき、ザ・バスの乗り方さえわからない私に、イチから教えてくれたコーディネーターのあやさん。彼女が「すっごい可愛いポーチがあるんだけど、見てみない」と教えてくれたのが、チトさんがヴィンテージやユーズドの布地で手作りするポーチ。毛糸やリボンを縫い付けた「aloha」のロゴの温かみにひかれ、作っている本人に会いたくなって、ご自宅に押し掛けました。

　チトさんが住んでいるのは、ダイヤモンドヘッドが見渡せる高台の住宅地。キッチンもシャワーも屋外というなんともワイルドなお宅で、テラスには野良猫のミャオ君が時々ご飯をもらいにやってきます。ミシンが置かれたリビングは、布地の山、また山。その散らかり具合が心地よく、チトさんがミシンをかける姿を見ていると、なんだか癒されてくるから不思議です。

　裁縫が好きで、中学生のときには友だちの浴衣まで縫っていたというチトさん。旅先でも布地を扱う店があると、つい入ってしまうそう。「どんな小さな端切れも、愛おしくて捨てられないのよ」。そう話しながらミシンをかける手元から生まれるポーチは、彼女の人柄そのままの愛らしさ。この温かみを共有したくて、プレゼントしたい人の顔が次々と浮かんできます。

Fashion Goods, etc.　　　　Chapter 2

1. 右が手描きのオリジナルデザイン、左がプリント生地で作ったシャツ。オリジナルの美しさが忠実に再現されています。女性用ドレス $98〜125、男性用シャツ $111〜127。2. ここはハワイ刑務所の隣にある、ファクトリーストア。ホノルル空港の近くです。

Surf Line Hawaii
サーフライン・ハワイ

MAP：P.141／ワイキキ
2330 Kalakaua Ave., Honolulu
（インターナショナル マーケット プレイス 1F）
℡：808-427-5808
営：10:00〜22:00
休：無休
www.jamsworld.com

Hawaiian Dress

№19
ジャムズ・ワールドのリゾートウエア

「アート作品を着る」という表現にぴったりなのが、ジャムズ・ワールドのハワイアンドレスです。プリント柄の素となるデザインは、アーティストがハワイの花や植物を手描きしたイラスト。それらをパッチワークのように縫い合わせたり、さらに刺しゅうを加えることも。こうして完成したデザインをプリントした生地には、オリジナルと変わらない立体感と色彩が再現されています。その秘密は、レーヨン生地に施したクラッシュというシワ加工。ただしオリジナルのイラストの美しさを再現できる半面、プリントが難しく生地の効率も悪いのだそう。そのうえ、男性用シャツにはすべて手描きのペイントのボタンを使っています。これだけのこだわりから生まれるウエアは絵画のように美しく、空気をまとうようにふわりとした着心地です。

1964年、カリフォルニアのサーファーだったデブ・ロックランさんがハワイで立ち上げたブランド。インターナショナル マーケット プレイスのショップには、その歴史がわかるパネルやオリジナルのイラスト、古いミシンなどが展示されています。サンドアイランドにあるファクトリーストアへ行くと、30〜50％安く購入できるので、レンタカーがあればぜひのぞいて。目印は、ハワイ刑務所（！）の隣です。

049

Fashion Goods, etc.   Chapter 2

1 | 2

1. ハワイでデザインし、LA で作っています。メイドインハワイのアロハシャツ、アイランド・スリッパー（P.013）とコラボしたサンダルも。2. T シャツ $48。これなら、お土産にしても喜ばれそう。

Salvage Public
サルベージ・パブリック

MAP：P.138 ／ホノルル
1170 Auahi St., Honolulu
（サウスショア・マーケット内）
TEL：808-589-0500
営：10:00 〜 20:00
（金・土曜〜21:00、日曜〜18:00）
休：無休
www.salvagepublic.com

Hawaiian T-Shirts

N° 20
クールなハワイ T シャツ

　シンプルなだけに、T シャツ選びって本当に難しい。せっかくなら、「HAWAII」とか「ALOHA」とか入ったものがほしいけれど、なかなかかっこいいデザインが見つかりません。そんなとき、選びたいのが、ロコボーイふたりが 2014 年に立ち上げたブランド。「救う」という意味の「Salvage」を付けたのは、ときとして安っぽいイメージを抱かれることもあるハワイのファッションを救い、本当のよさを知ってほしいから。歴史や伝統、大地の恵みに感謝しながら、この土地に根付くサーフカルチャーをデザインで表現し、モダンなものを生み出していきたいという想いがあるのだそうです。

　ダイヤモンドヘッドの形にも見えるロゴは、人、大地、スピリッツの 3 つのバランスを表したもの。「ハワイではこの調和のことを lokahi（ロカヒ）といって、絆という意味もあるんだよ」とデザイナーのナパリさんが教えてくれました。まだ 30 歳そこそこの若さで、ファッションからハワイの未来を真剣に考えている姿は、マナオラ・ヤップさん（P.023）のコンセプトに通じるところがあるように感じました。

　サウスショア・マーケットのショップのほか、カイムキにスタジオがあり、ここは 2 階の窓に「OPEN」のサインを掲げているときだけ、営業しています。

Fashion Goods, etc.   Chapter 2

Rompers

№21
オーガニックコットンのロンパース

　ウィミニ・ハワイは、ぽっちゃり体形のサーファーがボードを片手に、シャカサインをするイラストでおなじみのローカルブランド。ほかにもウクレレを抱えていたり、眠そうなクジラなど、クスッと笑えるイラストから温かみが伝わってくるTシャツは、1枚1枚ハンドプリントされたもの。生地がしっかりしているうえ縫製も丁寧で、長く着られるTシャツです。

　赤ちゃんがいる人へのお土産におすすめなのが、オーガニックコットンのロンパース。デリケートな肌に安心で、そのうえ可愛い。こんなデザインなら、抱っこするほうも癒されますよね。ロンパースは3〜6カ月用と、6〜12カ月用の2サイズ。プレゼント用に、お菓子の箱みたいに可愛いボックスが用意されているので、出産のお祝いにもぴったりです。

　Tシャツの隅にこっそりプリントされた細長いくちばしの鳥は、ミツスイの一種でハワイ固有種のイイヴィ。パンフレットなどでよく見かけますが、本物は絶滅危惧種に指定された、とても希少な鳥なのだそうです。お店があるのは、カイルア・スクエアの駐車場に面した一角。お隣は、リメイクドレスの『ムームー・ヘブン』(P.029)。少しわかりにくい場所ですが、そのぶん静かで、ゆっくり買いものができます。

1. 左から、トートバッグ $18、キッズ用Tシャツ $32、ロンパース $28。ローカルブランド中心に扱うホノルルのセレクトショップでも扱っています。

Wimini Hawaii
ウィミニ・ハワイ

MAP：P.137／カイルア
326 Kuulei Rd., #1, Kailua
TEL：808-462-6338
営：10:00〜16:00（日曜〜14:00）
休：無休
wiminihawaii.com

Fashion Goods, etc.   Chapter 2

Aloha Dress

Nº 22
オリジナルプリントの
アロハドレス＆アロハシャツ

　デザイナーであり、オーナーでもあるロベルタさんの名前が、そのまんま店名に。いつもとびっきりの笑顔で迎えてくれる彼女が、アメリカ本土からハワイへやってきたのは 2003 年のこと。ヴィンテージ生地で作った服をダウンタウンのナイトイベントで販売したところたちまち人気となり、ショップを構えるまでになりました。現在、アロハドレスやシャツに使う生地は、オリジナルのデザイン。自分で描いたイラストを生地にプリントしてもらっているそうです。

　「持っていたヴィンテージ生地を使い切ってしまって、自分で生地のデザインもするようになったのよ」と屈託なく笑うロベルタさんは、型紙も自分で起こしています。そのパターンの特徴は、しゅっとシェイプされたデザイン。アロハドレスはハイウエストのAライン、男性用アロハシャツもダボっとしてなくてフィット感があり、丈は短め。小柄な日本人に着こなしやすいデザインです。最近、登場したのが女性用アロハシャツ。左の写真みたいにすそを結ぶと、足長効果抜群。ただ、ロベルタさんのように着こなす前に、お腹周りをシェイプする必要がありそうですが……。ロコアーティストのアート作品、彼女がセレクトした雑貨類も楽しみで、ダウンタウンへ行くと素通りできません。

1. ロベルタさんが着ている女性用のアロハシャツ $98、同じ柄で男性用は $128。アロハドレス $135。日本人向きの小さめのサイズがそろいます。

Roberta Oaks
ロベルタ・オークス
MAP：P.138／ダウンタウン
19 N. Pauahi St., Honolulu
TEL：808-526-1111
営：10:00 ～ 18:00
（土曜～ 16:00、日曜 11:30 ～ 16:00）
休：無休
www.robertaoaks.com

Fashion Goods, etc. Chapter 2

N° 23
ロコのサーフガールが愛用する
波にもまれてもずれない水着

1. 左から、水色のボトム $82、花柄のトップス $96、ワンピース $126、ピンクのビキニ上・下各 $82。同じ柄でも豊富なスタイルがそろい、組み合わせは自由自在。ラッシュガード、SUPやヨガにおすすめのウエア、雑貨類も要チェックです。

　海を愛するロコガールは、「40歳過ぎてもビキニ、50歳になってもやっぱりビキニ」と口をそろえます。彼女たちから圧倒的な支持を得ているのが、ハワイ発の水着ブランド、プアラニです。オーナーでデザイナーのイヴァラニさんは、ハワイ島出身のサーファー。フィットする水着が見つからなくて、「ならば、自分で作っちゃえ！」とブランドを立ち上げました。
　いちばんの特徴は、4方向に伸縮する素材。特殊な縫製でどんな動きにも対応するよう作られています。「ホントにずれないの？」。しつこく食い下がる私に、ショップオーナーのカズサさんいわく、「Hちゃんの水着を見れば、わかるでしょ」。Hちゃんというのは共通の友人でもあるロコサーファー。彼女がここの水着を愛用し、いつも、とってもちっちゃいビキニでハードなサーフィンを楽しむ姿を思い出しました。
　ずれないためには、サイズ選びが肝心。「納得いくまでフィッティングして」というカズサさんにチェックしてもらえば安心です。豊富なデザインから上下別々に選べ、組み合わせは無限大。洗濯機で洗っても15年は着られるという耐久性もすごい！　ビキニを着続けること、長持ちする水着を選ぶことは、体形を維持するモチベーションにもつながるのだそうです。

Pualani Hawaii Beachwear
プアラニ・ハワイ・ビーチウエア

MAP：P.139／ホノルル
3118 Monsarrat Ave., Honolulu
Tel 808-200-5282
営：9:30 〜 18:00
休：無休
www.pualanibeachwear.com

Clothespins

Nº 24
強力なイカイカ洗濯ばさみ

　ロコのお宅へ行けば、たいてい何個か転がっている木製の洗濯ばさみは、ドラッグストアのロングスで50個入り$3.49で購入。メイドインハワイではなく中国製ですが、それにしても日本円に換算すると1個当たり約8円。100均もびっくりのお値段は、物価高のハワイで破格の安さです。

　「Ika（イカ）」は海に泳ぐイカのことではなく、ハワイ語で「強い、強力な」という意味。ふたつ続けると、よりいっそう強い言葉になります。その名のとおり、プラスチックの洗濯ばさみより強力なクリップ力が特徴。ただし、ジョーゼットのようにデリケートな素材は引っかかることがあるので注意が必要です。ちなみに、ハワイではイカイカさんという名前もあります。

1.

1. ドラッグストアで50個$3.49。フォトグラファーの拓さんの家では、子ども達が自分の名前やイラストを描いたり、色を塗って使っていました。

Longs Drugs
ロングス・ドラッグ
MAP　P.138／ホノルル
1450 Ala Moana Blvd., Honolulu
（アラモアナ・センター 2F）
TEL：808-941-4433
営：6:00 〜 23:00
休：無休
www.cvs.com

Sunscreen

N° 25
海にも肌にも優しいサンスクリーン

1.SPF35 で $23。サーフショップ、オーガニックスーパー、セレクトショップなどでも取り扱っています。

James After Beach Club
ジェイムス・アフター・ビーチ・クラブ

MAP：P.139 ／ホノルル
3045 Monsarrat Ave., #8, Honolulu
TEL：808-737-8982
営：10:00 〜 17:00（日曜〜 16:00）
休：祝日
www.james-hawaii.com

　ハワイでは2022年1月から、サンゴ礁に有害な影響を与える、ケミカルな紫外線吸収剤を含む日焼け止めの販売が禁止になる予定です。3,500種類以上が対象となり、現在、コンビニやドラッグストアに並ぶ日焼け止めのほとんどが姿を消すことになります。

　そこで注目されているのは、ノンケミカルの日焼け止め。これはハワイのロコが手作りしているもの。ココナッツオイル、ビーワックス、シアバターなどオーガニックの天然材料だけで作られているので、海を守るだけでなく、敏感肌や赤ちゃんの肌にも安心して使えます。缶入りと、顔に塗りやすいスティックタイプの2種類。肌の色が濃いめの人には、白浮きしにくい肌色タイプがおすすめです。

Fashion Goods, etc.　　　　Chapter 2

1│2

1. 2017年秋冬から登場したミニサイズのトートバッグ $19（従来の大きいサイズは $29）、パタロハTシャツ $35、キッズ用 $25、キャップ $29。2. モンキーポッドが木陰を落とすウッドデッキに、時々遊びに来る鉢割れのニャンコ。

Patagonia
パタゴニア

MAP：P.136／ハレイワ
66-250 Kamehameha Hwy., Haleiwa
（ノースショア・マーケットプレイス内）
TEL：808-637-1245
営：10:00 〜 18:00
休：無休
www.patagonia.com

Only Haleiwa

№26
パタゴニア・ハレイワ店限定アイテム

　ノースショアのハレイワへ行くと、必ず立ち寄るのがここ。パタゴニアのショップはホノルルにもあるし、ほとんどのものは日本でも買えるけれど、ハレイワ店にしかない限定アイテムが見つかるからです。

　トートバッグは、バンバンなんでも詰め込めて、BBQやロケの荷物運びに便利な大容量。丈夫なうえ、洗濯機で洗えるから汚れも気になりません。ただ、普段の持ち歩きには大きすぎて……と思っていたら、その気持ちが通じたのかのように、ミニサイズが登場。横幅約33cm、マチもあるのでお弁当箱や読みかけの本、化粧ポーチなどを入れるのにちょうどいいサイズです。もうひとつは、パタロハTシャツ。新しいデザインや新色が出ていないか、必ずチェックします。

　初めてのハワイで、この店を訪れたときの「やっとこの場所に来られた！」という達成感が、今ではここに来ることが「ハワイに来て、ノースショアまで遠出した証し」になっています。ハレイワも、メインストリート沿いに新しいショッピングモールができ、町の様子がどんどん変化していますが、パタゴニアがある一角だけは変わらない空気が流れていて、ほっと落ち着ける。最近では、ウッドデッキに時々遊びに来る、ニャンコを探すことも楽しみになっています。

Fashion Goods, etc.　　　　　Chapter 2

Flour Sack Towel

N° 27
ジェイムスのキッチンタオル

1 | 2

2種類のイラストと4種類のカラーがあり各$14。使い勝手のよさとともに、ちょっとノスタルジックなハワイのイラストがいい感じ。食器拭きに使ったあとは、ハンドタオル代わりや台拭きに、とことん使い倒せます。

James After Beach Club
ジェイムス・アフター・ビーチ・クラブ

MAP：P.139／ホノルル
3045 Monsarrat Ave., #8, Honolulu
TEL：808-737-8982
営：10:00 〜 17:00（日曜〜 16:00）
休：祝日
www.james-hawaii.com

　オリジナルのアロハシャツやTシャツといった、ビーチファッションがメインの店なのに、訪れるとなぜかいつも買ってしまうのがこのキッチンタオル。ダイヤモンドヘッドやサーフシーンを描いたイラストが、ちょっとノスタルジックでとっても感じがいいうえ、使い勝手も気に入っています。自宅用に買って帰ったつもりが、ついお友だちにあげて手元になくなってしまい、ハワイへ来るたび追加購入しています。

　最近、ハワイのセレクトショップでよく見かける、ロコデザイナーのイラストが描かれたディッシュタオルやティータオルもいろいろ試したのですが、やっぱりこのタオルにはかないません。正式な名前は、「フラワーサックタオル（Flour Sack Towel）」。プランテーション時代、小麦粉を入れる袋に使われていたものと同じ生地で、布が貴重だったころはほどいてシャツに仕立て直したり、キッチンクロスにしていたことから名付けられたそうです。コットン100％、丈夫で目が詰まっているうえ、繊維が残りにくく、食器やグラスを拭くのにぴったり。使い続けるうち、どんどん柔らかな風合いになってきます。ロコのご夫妻がシルクスクリーンで一枚ずつ印刷しているもので、お店の名前もちゃんと入っているのでお土産にも。

Fashion Goods, etc.　　　　Chapter 2

Chopstick Rest

N° 28
フラガールの箸置き

1.1個$3.50、3個セットは$10。レイの色は赤、白、水色、ピンクの4種類があります。手描きのため一つひとつ表情が違うから、よ〜く見つめてお気に入りを選んで。

　しどけない様子で寝そべったフラガールの箸置き、見つめていると脱力してきませんか。これが買えるのは、カハラモールにあるキッチン用品専門店。店の名前は「Complete」と「Eat」をミックスした造語で、「ここに来れば食べるシーンが完ぺきに整う」という意味があるのだとか。そして、間違いなく料理や食事が楽しくなるグッズが見つかる店です。
　フラガール、パイナップルやウミガメをモチーフにしたハワイらしいキッチン・グッズ、プロ仕様の鍋や調理器具も並びます。フード類も充実していて、ハワイアンソルトやパイナップルの形をしたパスタのほか、いちばん人気はパンケーキミックス。これ、某人気パンケーキ店と同じファクトリーで作られているもの。しかもお値段は約半分というお値打ち品です。
　ところで、このフラガールの箸置き、じっくり観察すると、一つひとつ表情が微妙に異なることがわかります。1個$3.50で買えるお手頃アイテムながら、ちゃんと手描きされているのだそう。自宅に数年前にもここで手に入れた箸置きがあり、見比べてみたら体形まで変わって、少しふくよかになっていました。残念ながらメイドインハワイではなく中国製。でも、こういうのを見るとつい買ってしまうのです。

The Compleat Kitchen
ザ・コンプリート・キッチン

MAP：P.139／ホノルル
4211 Waialae Ave., Honolulu
（カハラモール1F）
TEL：808-737-5827
営：10:00〜21:00（日曜〜18:00）
休：無休
www.compleatkitchen.com

Fashion Goods, etc.　　　　Chapter 2

1 | 2

1. ホーローカップ各 $24 は、ポーランドのエマルコ社製。国の伝統工芸品であるホーロー製品を 100 年前と変わらぬ製法で手作りしているメーカーです。
2. フィッティングルームの壁紙と同柄の紙カップは、オーナーのパーカーさんのデザイン。

Olive & Oliver
オリーブ&オリバー

MAP：P.140 ／ワイキキ
412 Lewers St., Honolulu
(ザ・サーフジャック・ホテル&スイムクラブ 1F)
TEL：808-921-2233
営：8:00 〜 21:00
　（コーヒーバーは 6:00 〜 19:00）
休：無休
www.oliveandoliverhawaii.com

Enamel Cup

№ 29
パイナップル柄のホーローカップ

　ワイキキのおしゃれホテル、『サーフジャック』にあるセレクトショップ、『オリーブ＆オリバー』(P.045)。入り口にあるコーヒーバーの紙カップが可愛すぎると評判です。そのカップがほしいがために、コーヒーを買いに来る人が意外に多く、じつは私もそのひとり。飲み終わったカップをもったいなくて捨てられず、大切に持ち帰り部屋に飾っていたりもします。でも、やっぱり紙製ですから、コーヒーのシミがついてしまったり、日本へ持って帰る間につぶれてしまったり。そこで登場したのが、同じ柄のホーローカップ。これなら洗って繰り返し使え、インテリアにもぴったり。「お店の戦略に、うまく乗せられているぁ……」と思いつつ、飛びついて買ってしまいました。

　この店は、ロコガールのアリさんと、メインランド出身のパーカーさんの美男美女で知られるカップルがオーナー。お二人は本店があるカイルアとこのワイキキ店を行き来し、交代で店に顔を出しています。この日はいないはずのパーカーさんがコーヒーバーに立ち、自らカフェラテを作ってくれました。

　「スタッフが病気になって、急きょ僕がシフトに入ったんだ。慣れてなくてごめんね」とパーカーさん。そんなことはありません。それどころかラッキーでした。

Bee's Cotton Wrap

N° 30
ミツロウから作る エコなラップ

　ビーラップとは、コットン生地にミツロウとホホバオイル、木の樹脂をコーティングして作られたフード用ラップ。紙くらいの厚さがあり、ビニール製ラップと同じように、どんな形にもフィットします。自然で安全な材料で作られているうえ、洗って繰り返し使えるため、「エコラップ」の名前で呼ばれることも。ぺたぺたする手触りがありますが、それが食器や食べものに付着することはありません。グラスや食器にはもちろん、食べかけのフルーツやサンドイッチを包んでもOK。これは、ハワイで採れたミツロウとオーガニックのホホバオイルから作られたラップ。セレクトショップやオーガニックスーパーでもいろいろなデザインのものが並び、絵柄から選ぶのが楽しみです。

1.

1. ミツロウとホホバオイルの抗菌性により、食べものを美味しく保ちます。2枚入り$20。生の肉や魚、油っぽいもの、酸性が強いものには向きません。お湯での洗浄、電子レンジもNGですが、台所用洗剤はOK。大切に使えば約1年はもちます。

Guava Shop
グアバ・ショップ

MAP：P.136 ／ハレイワ
66-111 Kamehameha Hwy., Haleiwa
TEL：808-637-9670
営：10:00 〜 18:00
休：無休
guavahawaii.com

Handmade Cosme

N° 31
ケイコさんの手作りコスメ

1. 70歳ですっぴん！ その肌を見ると試してみたくなります。
2. 1週間程度の旅行用に便利なミニサイズ。ソープ、固形シャンプー、リップバーム、全身に使えるセラム、マッサージオイルの5点セット $34。

Fishcake
フィッシュケーク

MAP：P.138 ／ホノルル
307 C. Kamani St., Honolulu
TEL：808-593-1231
営：9:00 〜 17:00（土曜 10:00 〜 16:00）
休：日曜
www.fishcake.us

　ハワイのセレクトショップで最近、よく見かけるスキンケアセット。シンプルすぎるパッケージが、逆に余計なものが入ってない正直さを表しているようで、気になっていました。これを手作りしている女性が、グレイヘアが素敵なケイコさん。お年を聞いて、びっくり！　すっぴんの肌にはシミひとつなく、キメが細かくとても滑らかで、10歳以上はお若く見えます。

　もともと敏感肌と乾燥に悩んでいて、自分のために手作りしていたものだそう。「カサカサだった肌がきれいになって、友だちから分けてほしいと頼まれるようになったの。それで、何軒かのお店に置かせてもらうようになったのよ」とケイコさん。秘密はpHバランス。そのお肌を見ると、がぜん興味が沸いてくるはず。

Fashion Goods, etc.   Chapter 2

1 | 2

1. 月桃の英語名は、花の形そのままに Shell Ginger といいます。ワイマナロやカネオヘで採れる、無農薬の月桃から抽出するティンクチャー $30。アルコールが苦手な人には、フラワーウォーターがおすすめ。2. カフェメニューのハーブティー各 $6。デトックス、リラックス、ホルモンバランスなどのテーマから選べます。

'A'ala Herbal Bar+Aromatherapy
アアラ・ハーバル・バー＋アロマセラピー

MAP：P.137 ／カイルア
27 Oneawa St., Kailua
TEL 808-683-2499
営：8:00 ～ 15:00（土曜 10:00 ～）
休：日曜
www.kailuacafeaala.com

Shell Ginger Tincture

Nº 32
優しい香りでホルモンバランスを整える、月桃のティンクチャー

　桜色の貝殻のように可憐な花を咲かせる月桃は、ショウガ科のハーブ。ハワイ以外では沖縄や台湾などの温かい土地でもよく見かけます。抗菌作用が強いことから、食べものを包んだり、乾燥してお茶にしたりして古くから利用されてきました。

　ティンクチャーとは、ハーブの有効成分をアルコールで抽出した濃縮液のこと。薬で使われる「チンキ」の呼び名のほうがわかりやすいかもしれません。カイルアにあるこの店では、12 ～ 1 月に手摘みした月桃の花を、ハワイ島産のオーガニック・ウォッカに 2 カ月以上浸して作っています。冬の時期の花を使うのは、甘く上品な香りとともに、有効成分がよりいっそう強くなる季節だから。月桃の花には女性ホルモンのバランスを整え、葉にはデトックス効果があるのだそう。水で 3 倍程度に薄めローションとして使ったり、手作りシャンプーやクリームなどに混ぜてもよく、優しい香りを楽しみながらスキンケアできます。

　カフェスペースがある店内では、アロマテラピーのワークショップも行っています。また、米国最大のアロマテラピー協会、NAHA の資格認定コースを日本語で開講しています。ハワイ旅行を兼ねて受講し、資格を取得する人が多いそうです。

Fashion Goods, etc.   Chapter 2

Aroma Candle

№ 33
アロハ・エリクサーの アロマキャンドル

1. キャンドル（右）は、豊かな未来、調和ある家、愛を象徴する金星などテーマ別に28種類、各$22.40。キャンドルに火を灯す前に、空気とオーラを浄化するためのスプレー$19.97（左）を使うと効果倍増!? 2. ロミロミの施術師で、メディテーション（瞑想）の指導もするケオキさん。毎週火曜に店内で占いを受けられます（通訳付き、要予約）。

Sedona
セドナ

MAP：P.138 ／ホノルル
1200 Ala Moana Blvd., Honolulu
（ワード・センター内）
TEL 808-591-8010
営：10:00 〜 20:00
　（金・土曜〜 21:00、日曜〜 18:00）
休：無休
sedona-hi.com

　願い事が叶う、魔法の香りのキャンドルがあるとしたら信じますか？　いえ、私も信じたわけではないのです。そのキャンドルを作っている人がサイキックリーディング（占い）もしてくれると聞き、ハワイの占いとはいったいどんな感じなのか、どうして願い事が叶うのか、興味もあって会いに出かけてみました。その占い師とは、ケオキ・タヴァラスさん。浄化した水とエッセンシャルオイル、それぞれの願い事別に選んだパワーストーンに12時間のマントラ（祈り）を唱えながら、一つひとつキャンドルを手作りしています。「目的を達成するためには、それを叶えるためのエネルギーを持ち続けることが何よりも大切」とケオキさん。つまり、どうしたら目的を達成できるかを常に意識して努力を続ける必要があり、そのためのお助けグッズがアロマキャンドル。炎を見て、エッセンシャルオイルの香りでポジティブな感覚を呼び覚ます、自己暗示にかかるためのツールみたいなものでしょうか。

　もちろん、占いもお願いしました。約1時間お話を聞いてもらい、ケオキさんが私のために選んでくれたキャンドルは、「Road Opener（道を開く、困難を克服し、突破口を作る）」。果たして願いは叶うのかどうか、時々、こっそりと火を灯し願かけしています。

Fashion Goods, etc.   Chapter 2

Signature Diffuser
N° 34
ハワイの香りのディフューザー

1.11種類の香りが揃うシグネチャー・ディフューザー $56.80。香りが弱くなってきたら、スティックの上下を入れ替えると、また復活します。

　ハワイらしい香りを求め、見つけたのがこのディフューザー。カハラモールをはじめオアフ島内に5店舗を持つインテリアショップのオリジナルで、ハワイで採れる植物のアロマをベースに作られています。

　ハワイの地名や花の名前が付けられた香りは、全部で11種類。「ワイキキ」はココナッツの香り、高級住宅街でもある「カハラ」は、プルメリアとピカケ（ジャスミン）にバニラを加え、"天国の海"と呼ばれる「ラニカイ」はパイナップル、マンゴーにティアレ（タヒチアン・ガーデニア）を加えた甘い香り。「カハラ」と「ラニカイ」は、それぞれカハラ店とカイルア店の限定商品。ほかに「アロハ」「ビーチ」などのネーミングもあります。選びきれないときは、ネーミングのイメージから決めるのもひとつの方法。私は、ほのかに森の匂いが感じられる、グリーンノートの「マノア」を玄関に置いています。外出先から帰ってこの香りをかぐと、ランニング途中で立ち寄った早朝の公園や、木陰でほっとしたときの気持ちよさを思い出せるから。

　オールナチュラルな原料を使っているので、香りが穏やか。アルコールフリーのため、長持ちするのもうれしいところ。置く場所の温度と湿度によりますが、2年以上はたっぷり香りを楽しめます。

SoHa Living
ソーハ・リビング

MAP：P.139／ホノルル
4211 Waialae Ave., Honolulu
（カハラモール1F）
TEL：808-591-9777
営：10:00〜21:00（日曜〜19:00）
休：無休
sohaliving.com

Fashion Goods, etc.　　　　Chapter 2

1　2

1. 匂い袋（サシャ）は3パック入り$15。同じ香りのランドリーソープもあります。2. ダイヤモンドヘッドが見えるオーシャンフロントの客室。この空気にひかれ、何度も帰ってきたくなる場所です。

Halekulani Sachet

N° 35
ハレクラニの匂い袋

　確か十数回目のハワイで、初めてハレクラニに滞在したときの感激を、今でも覚えています。賑やかなワイキキの往来にありながら、エントランスをくぐると一瞬にして空気が変わる。以来、何度訪れてもその空気に触れたときの、心地よい緊張感が薄れることはありません。ハワイ語で「天国にふさわしい館」の意味をもつハレクラニは、そんな場所です。

　この匂い袋は、客室に入るとほのかに感じるバスアメニティと同じ香り。この香りをかぐと、ホテルで過ごした時間がたちまち蘇ります。たとえば、夕刻に部屋から見えるサンセット、ディナータイムの賑わいが収まって夜中に聞こえてくる波の音、満月の夜に海を照らす光、早朝にシャワーのような雨が上がったあと海にかかる虹……。何度もハワイを訪れていても、たまにしか泊まれない贅沢なホテルだからこそ、それらはとても特別な思い出です。

　ブティックでは部屋のアメニティと同じシャンプーやバスジェルも扱っていますが、これは小さくて軽く、手頃な価格が魅力。ハレクラニブルーの小袋はクロゼットの中にしのばせておいたり、化粧ポーチに入れて持ち歩くのに便利です。また、ハワイ好きの女友だちへのお土産にすると、とても喜ばれます。

Halekulani Boutique
ハレクラニ・ブティック

MAP：P.140／ワイキキ
2199 Kalia Rd., Honolulu （ハレクラニ内）
TEL：808-923-2311
営：8:00〜21:00
休：無休
www.halekulani.jp

Fashion Goods, etc.　　　　　　Chapter 2

1 | 2

1. 約 9 × 14cm の手のひらサイズで 3 冊 $10。2. 絵葉書、カード類はオリジナルデザインのほか、ローカルデザイナーのも␣も。名刺やインビテーションカードはサンプルから選んでオーダーでき、日本語のフォントもそろっています。

South Shore Paperie
サウスショア・ペーパリー

MAP：P.139 ／ホノルル
1016 Kapahulu Ave., Honolulu
TEL：808-744-8746
営：9:00 ～ 16:00
休：日曜
southshorepaperie.com

Mini-notebooks

N° 36
ハワイモチーフのミニノート

　ネットによるコミュニケーションが当たり前になり、ちょっとしたあいさつや要件はメールで済ませられるし、雑誌や書籍の世界でもペーパーレスが加速しているこのごろ。そのほうが省資源につながり、環境にもいいとわかっていても、やっぱり紙ものが好きでたまらないアナログ派です。いえ、だからこそ手書きのカードや便りをもらうと、贈り主の心配りやセンスがいっそう強く感じられる気がします。

　グラフィックデザイナーのオーナー夫妻が営むペーパーグッズ専門店では、いつもカード類を大量に買い込むのですが、今回見つけたのは手のひらくらいの大きさのミニノート。フォトグラファーの拓さんが、「こんなのあるよ、いいよね」と教えてくれました。カバーのイラストは 20 種類以上。同じように紙もの好きの友人へのお土産にしたくて、顔を思い浮かべながら選んでいたら、10 冊以上になってしまいました。

　お店に並んでいるカードやノートのほか、カスタムオーダーで名刺やレターセット、インビテーションカードなどを作ることもできます。オーナー夫妻は、息子さんが生まれたお知らせのためにカードを作ったことがきっかけで、この店を始めたのだそう。そんな夫妻の温かさが伝わってきます。

Fashion Goods, etc.　　　　　Chapter 2

Photo Book

№ 37
フラワーアレンジメントの写真集

1 | 2

1. フラワーアレンジメントの写真集『OHI（オヒ）』$22。書名はハワイ語で「摘む」「集める」という意味。セレクトショップ、サーフショップ、書店でも扱っています。2. 公園などで見かけることもある葉っぱや木の実が、タマラさんのアレンジで驚くほど美しい姿に。

Paiko
パイコ

MAP：P.138／ホノルル
675 Auahi St., Honolulu（SALT 1F）
℡：808-988-2165
営：10:00〜18:00
（金・土曜 9:00〜、日曜 9:00〜17:00）
休：無休
www.paikohawaii.com

　　エアプランツを育てたり、フラワーアレンジのブームをロコの間に巻き起こした『パイコ』。このお店のクリエイティブ・デザイナーでもあるタマラさんが、友人のフォトグラファー、マリコさんともに2年がかりで完成させた写真集『OHI』は、ハワイに育つ植物だけを使ったアレンジメント集。トーチジンジャーやプロテアといった、おなじみの花とともに、野性的な植物たちも堂々と主役を張っています。
　「ハワイにはこんなにいろんな種類の植物があるのに、観賞用に使われるのはほんの一部。家の中に自然を取り入れる感覚で、普通にある植物を楽しめないかと思ったの」とタマラさん。自宅や友人宅の庭にある花のほか、農園を訪ねて野菜や果物の葉をわけてもらったり、ときには自然にある植物も活用したそうです。
　一見するとグロテスクに見えるバナナの花が、タマラさんにかかると、エレガントに変身。トレッキングコースで見かける、巨大なワラビのようなシダの仲間も、窓際にちょこんと収まった姿がとてもキュートです。かと思えば、タロイモの葉やラウアエ、モンステラがダイナミックな組み合わせで登場するページも。ハワイの植物の多彩さと、自然の生命力が伝わってくるこの写真集は、拓さんの大のお気に入りなんです。

Must Eat! Local Foods 2

Shave Ice
【シェイブアイス】
ビーチ帰りに食べたい
ハワイのひんやりデザート

シェイブアイス、つまりかき氷は、ハワイのひんやりデザートの代表。以前はハワイらしいレインボーカラーや、見た目の色鮮やかさを重視したシロップをかけたものが多かったのですが、最近では地元産フルーツを使ったナチュラルな甘さのものが増えています。『アイランド・ヴィンテージ・シェイブアイス』では、リリコイ、ライチなどのフルーツシロップを使い、オーガニックのソフトクリーム、フローズンヨーグルト、ボバと呼ばれるリリコイジュースのジェリーなどのトッピングもヘルシー志向。ワイキキのメインストリート沿いにあり、ロイヤル・ハワイアン・センター内というロケーションも申し分なし。ショッピングに疲れたときや、ビーチ帰りののどを潤すのにぴったりです。ポケ丼（P.040）で紹介した『アイランド・ヴィンテージ・コーヒー』の姉妹店なのですが、別にひいき目に見ているわけではありません。長年通っていて、この店のメニューはどれも素材を贅沢に使っているうえ、丁寧に作られていることがわかっているし、場所が便利。そしてなによりも間違いなく美味しいことが、おすすめする理由です。

リリコイとストロベリー、ふたつの味を楽しめる『ヘブンリー・リリコイ』に、フローズンヨーグルトとモチ、ボバをトッピング $7.85。

Island Vintage Save Ice
アイランド・ヴィンテージ・シェイブアイス

MAP：P.141 ／ワイキキ
2333 Kalakaua Ave., Honolulu
（ロイヤル・ハワイアン・センター1F）
TEL：808-922-5662
営：10:00 〜 22:45
休：無休

Chapter 3
Hawaiian Foods
ロコも大好き！ ハワイの食べもの

Nº 38

Hawaiian Foods　　Chapter 3

1	2

1. バター・マカダミア、ココナッツ、パイナップル、チョコレートなど16種類。いろいろなサイズや価格帯があり、ホリデーシーズンに登場するスペシャルフレーバーやギフトパッケージも楽しみ。2. 品質の高い材料のみを使い、多くの工程は手作業で行われます。

Honolulu Cookie Company
ホノルル・クッキー・カンパニー

MAP：P.140 ／ワイキキ
227 Lewers St., Honolulu
TEL：808-924-6651
営：9:00 〜 23:00
休：無休
www.honolulucookie.co.jp

Shortbread Cookies

Nº 38
不動の人気を誇る
パイナップル形のクッキー

　ハワイのお土産でいちばん人気といえば、このショートブレッド・クッキー。パイナップルはハワイではおもてなしやハワイアン・スピリットのシンボル。形の可愛らしさはもちろんのこと、ほかのクッキーと比べてだんぜん味がよく、必ず買って帰ります。

　会社は1998年の創業で、2018年に20周年を迎えたばかり。記念すべき年に、念願だったファクトリー見学に訪れることができました。以前、クッキーの下半分についているチョコレートは、すべて手作業でディップしているという話を聞き、どうしてもその現場を見てみたかったのです。製造現場は一般公開していないため、なかなか実現しなかったのですが、私のしつこさに根負けしたのでしょうか。「一度だけ」という条件で工場内を案内してもらうことができました。

　驚いたのは、予想以上に手作業の工程が多かったこと。チョコレートのディップのほか、ジェリーやコーヒー豆をのせるのも人の手。箱詰めも一つひとつ手作業です。パッケージの種類が多いことと、形状が壊れやすいこともあり、機械化が難しいのだそうです。

　こうして大切に作られたクッキーですもの、想いが伝わらないわけがありません。お土産に差し上げると、みんなが目を輝かせて喜んでくれます。

Hawaiian Foods　　　Chapter 3

Chocolate Macadamia Nuts

N° 39
特別な人にあげたい
贅沢なマカチョコ

　ハワイ土産の定番でもあるマカダミアナッツ・チョコレート。定番すぎて、「あ、またチョコレートね」と言われることもありますが、ホノルル随一の高級リゾートととして知られるホテル自家製のマカチョコなら、そんなリアクションをされる心配はありません。初めて食べた人は、これまで抱いていたマカチョコに対するイメージが確実に変わるはずです。
　ローストしたばかりのフレッシュなハワイ島産マカダミアナッツを、フランス・ヴァローナ社製のチョコレートでコーティング。ところどころからナッツがのぞき、ナッツのチョコがけといったほうがぴったりかもしれません。滑らかな口どけの下からホールナッツがカリッと弾け、濃厚なコクと香ばしさが口いっぱいに広がります。ひとかけらずつ大切に食べたいのだけれど、手が止まらなくなってしまう美味しさ。
　1964年のホテル開業当時から、受け継がれているチョコレートのレシピで作られていて、ミルク、ダーク、ホワイトチョコに加え、3年前からブロンド（キャラメル）が加わりました。スポットでリリコイ・フレーバーが登場することも。ハワイでいちばん、贅沢なマカチョコ。大切な人に食べてもらいたい気持ちはもちろんあるけれど、正直いうと私が食べたい！

1. ミルク、ダーク、ホワイト、ブロンドの4種類を味わえるラージボックス $52、スモールボックス $28 は好きなフレーバーを1種類、選べます。10箱以上購入する場合、2日前までの予約がおすすめです。

Signature at The Kahala
シグネチャー・アット・ザ・カハラ

MAP：P.137 ／オアフ島
5000 Kahala Ave., Honolulu
（ザ・カハラ・ホテル&リゾート内）
TEL：808-739-8862
営：9:00 〜 18:00
休：無休
jp.kahalaresort.com

1. ハワイ産リキュール入りのトリュフ。左上から右回りに、コナコーヒー、レモンウォッカ、ハワイアンラム。4個入り $10.95、8個入り $19.95。モチーフである貝殻のイラスト入りトートバッグやポーチも、お土産に人気です。

Hawaiian Cacao

N° 40
ノースショア産のカカオで作るチョコレート

　チョコレートの原料であるカカオ。アメリカで唯一、カカオが栽培されているのがハワイ州。アフリカ、中南米、東南アジア産が大部分を占めるなか、ハワイ産は生産量がとても少ないことから、"幻のカカオ"と呼ばれることもあります。オアフ島北部のノースショアで、無農薬栽培されているカカオはさらに希少なもの。丹精込めて育てたものを手摘みし、作られているのがマリエ・カイ・チョコレートです。

「ノースのカカオの特徴はフルーティーで、ベリーのように爽やかな風味が感じられること」と、栽培現場にもたびたび足を運ぶ、オーナーのネイソンさん。同じハワイ産でもマウイ島やハワイ島のものはナッツのような風味が強いのだそうです。

　定番は、世界中の人気メーカーが一堂に会して催されるコンペティションで優勝した実績を持つミルクチョコをはじめ、コナコーヒー入りのカプチーノ、ハワイ島産タンジェリンピール入りホワイトチョコなど8種類のチョコレートバー。2013年から登場したトリュフに使われるラム酒、ウォッカ、コーヒーリキュールも、すべてハワイ産です。前出（P.091）のマカチョコがナッツとのハーモニーを楽しむなら、これはカカオそのものの美味しさを味わうチョコレートです。

Malie Kai Chocolate
マリエ・カイ・チョコレート

MAP：P.141 ／ワイキキ
2301 Kalakaua Ave., Honolulu
(ロイヤル・ハワイアン・センター C館1F)
TEL：808-922-9090
営：10:00 〜 22:00
休：無休
www.MalieKai.com

N° 41

Hawaiian Foods　　　　Chapter 3

Brownies

N° 41
やみつきになる
チョコレート・ブラウニー

　ハワイ島ヒロに本社と工場を持つこの店のショートブレッド・クッキーは、『ホノルル・クッキー』(P.089)とお土産人気を二分する商品。でも、私がいつも買って帰るのは、ブラウニーのほう。ハワイ島在住の方からいただいたものがあまりに美味しく、以来、クッキーはパイナップル形を、ブラウニーはこのビッグアイランド・キャンディーズで、と使い分けています。

　チョコレートのクオリティが群を抜いています。サンフランシスコのハウスメイドのものをブロックで仕入れて使っているとのことで、「とても愛情をもって作っているメーカーだからね」と、店のスタッフが教えてくれました。悩ましいのは、ものすごく高カロリーなこと。ひとつでは止まらず、ふたつめに手が延びそうになるのだけれど、その誘惑と戦うのが大変なのです。

　ブラウニー、クッキーのほか、ロコに人気があるのが、チョコあられ、リヒムイ（P.111）のチョコレートがけ、さきイカにチョコを付けた、駄菓子風の商品。初めて見たときは驚きましたが、何度が食べているうちに、なんとなくこの味がロコから愛される理由がわかるようになってきました。

　ヒロの工場には見学コースが設けられ、チョコレートのディップ作業などの工程を見ることができます。

1. マカダミアナッツ・ブラウニー（左）8個入り $13.25 と、ハワイアン・シーソルトがかかったキャラメル・ブラウニー（右）10個入り $14.75。ほかに、パッションフルーツ、ミント、レモンなどがあります。

Big Island Candies
ビッグアイランド・キャンディーズ
MAP：P.138 ／ホノルル
1450 Ala Moana Blvd., Honolulu
（アラモアナ・センター1F）
Tel：808-946-9213
営：9:30 〜 21:00（日曜 10:00 〜 19:00）
休：無休
www.bigislandcandies.com

Hawaiian Foods　　Chapter 3

Malasada

N° 42
元祖マラサダ

1. オリジナル1個 $1.25。箱入りは 1/2 ダース $7.85、1 ダース $18.71。ワイケレ・プレミアム・アウトレットに行くと、まっ赤なストライプの移動販売車が揚げたてを販売しています。時々、イベント会場に出没することもあるので、探してみて。

　マラサダがハワイのお菓子だと思っている人は多いけれど、じつはポルトガル生まれ。キリスト教の祝日、イースター休暇に家庭で作って食べるもので、ポルトガル移民によって伝えられました。そのマラサダをハワイで初めて作って販売したのがレナーズです。

　創業者のレナードさんは、おじいさんがマウイ島のサトウキビプランテーションで働く移民としてやってきたポルトガル系三世。1952年、ホノルルにベーカリーをオープンしました。マラサダをメニューに加えたのは、お母さんのアイデアだったそう。揚げパンに砂糖をまぶしたお菓子は大ヒットし、ハワイを代表するスイーツになり、今では店の前にトロリーの停留所ができて観光ルートのひとつになっています。

　作りおきはせず揚げたてを提供しているため、いつも行列ができていますが、待ち時間はそんなに長くありません。持ち帰る人もいるのだけど、アツアツをその場でパクつくのが、いちばん。15時前後が最も混雑し、16時を過ぎるとさっと人の波が引き、店の前のベンチに座って味わえます。シンプルに砂糖をまぶしたオリジナルと、シナモン、リヒムイがあり、ココナッツ、リリコイなどのフィリング入りも。マラサダ初体験なら、まずはオリジナルから試してみてください。

Leonard's Bakery
レナーズ・ベーカリー

MAP：P.139／ホノルル
933 Kapahulu Ave., Honolulu
TEL 808-737-5591
営：5:30〜22:00（金・土曜〜23:00）
休：無休
www.leonardshawaii.com

Hawaiian Foods　　　　　　　　Chapter 3

1. いちばん人気はカカオクリーム入りのココパフ、カスタードパフ、チョコクリーム入り各 $1.59。緑色のクリームをのせたグリーンティーパフ $1.89。2. カウンター式のダイナー入り口には、いつも行列ができていますが、回転が速いので 15 〜 30 分くらい待てば入れます。

Liliha Bakery
リリハ・ベーカリー

MAP：P.137 ／オアフ島
515 N. Kuakini St., Honolulu
TEL：808-531-1651
営：24 時間（火曜 6:00 〜日曜 20:00）
休：月曜
www.lilihabakery.com

Cream Puffs

Nº 43
クリームがぎっしり詰まったクリームパフ

　シュー生地にクリームを詰めたクリームパフは、1日1,000個近くを売り上げる看板商品。ロコの間では『レナーズ』のマラサダ（P.097）と人気を競い、オフィスの差し入れや、ポットラック・パーティー（Potluck Party、持ち寄りパーティーのこと）用に箱買いする人が少なくありません。見た目は小粒のシュークリームなんだけど、持ってみてその重さにびっくり。はちきれんばかりにクリームが詰まっていて、カスタード、グリーンティー、チョコレートクリーム、カカオクリーム入りの4種類。1ダース入りの冷凍パックもあり、これなら帰国日に買って持ち帰れば、日本に着くころには自然解凍され、食べごろになります。

　ここは日系人が創業した店。隠れたベストセラーは、1950年のオープン時から作り続けられているあんぱん。午後には売り切れてしまうこともある人気商品です。

　パン屋には珍しく、24時間営業。注文するときは、ショーケースの上にある発券機から整理券を取り、列の後ろについて自分の順番を待ちます。奥のカウンター式ダイナーは、目の前の鉄板で調理する様子を眺められる、まさにローカル版シェフズ・テーブル。ここで食事をしてからクリームパフをお土産に買って帰る、これがハワイ最終日の理想的な過ごし方です。

Love's Bakery

Nº 44
チェックの包装紙がかわいい
ラブズのパン

1.

1. このパッケージにの可愛さにひかれ、買ってしまうパン。工場の見学はできませんが、敷地内のショップは誰でも利用OK。パンが焼けるいい匂いがあたり一面に漂っているうえ、赤いチェックのデリバリートラックが出入りする光景も見放題!

Love's Bakery
ラブズ・ベーカリー

MAP:P.137／オアフ島
911 Middle St., Honolulu
℡:808-841-0397
営:6:30〜18:00
(土曜 7:30〜17:00、日曜 8:00〜15:00)
休:無休
www.lovesbakeryhawaii.com

　赤いチェックの包装紙に、ハートマークがちょこんとのっかったロゴ。スーパーやコンビニで必ず見かける『Love's』は、ハワイで最もポピュラーなパンメーカー。1851年、スコットランド出身のロバート・ラブさんが興した会社です。それにしても、創業者の名前が"Love"さんなんて、素敵すぎると思いませんか。

　空港の近くにある工場は、24時間体制で操業。パン、ドーナツ、マフィンなど1日6,000パック以上が製造され、ここからオアフ島内、さらには空輸でハワイ各島へ出荷されています。一度だけ、工場内を見せてもらったことがあり、オーブンの熱気とともにラインを疾走するパンの列に圧倒されました。

　工場で大量生産されているパンなので、味のほうはそれなり。でも、この愛らしいパッケージに引き寄せられ、買ってしまう人は少なくないはず。同じチェック模様でも、こげ茶は全粒粉パン、ほかにカルシウムとミネラル、ビタミンを強化した食パン、もっちもちのベーグル、ハンバーガー用のバンズ、ロコが大好きな砂糖がけのドーナツもあります。

　赤いチェックのラッピングのトラックが、早朝のワイキキに停車していることがあり、遭遇するとその日は何かいいことが起きそうな予感がします。

Hawaiian Foods   Chapter 3

1 | 2

1. 1個 $3.95。ブルーベリーとバナナ以外は日替わりで、ウエブサイトからその日のメニューをチェックできます。箱に入れる場合、別途 $1 が必要。2. いちばん人気のブルーベリー。16年前のオープン当時からのレシピで焼いています。

Diamond Head Market & Grill
ダイヤモンドヘッド・マーケット&グリル
MAP：P.139／ホノルル
3158 Monsarrat Ave., Honolulu
TEL：808-732-0077
営：6:30 〜 21:00
休：無休
www.diamondheadmarket.com

Signature Scones

Nº 45
箱買い必至の
クリームチーズスコーン

　丸型、四角、三角形など、スコーンの形にはいろいろあるけれど、この店のものは女性の手のひらほどの大きさがあり、鉄板に生地を落として焼いた無造作な形。でも、これが美味しいんです。午前中早めの時間に行くと、箱買いしている出勤前のロコや、ダイヤモンドヘッド登山の帰り、ランニング途中の人が、店の前のテーブルで食べている光景がおなじみです。プレートランチの人気店ですが、ベーカリーとデリを併設。クリームチーズとフルーツの塊がごろんと入ったスコーンは、1日 500 〜 700 個売れる人気商品です。

　いちばんの人気は、ブルーベリー。バナナとともに毎日並び、クランベリー・マンダリンオレンジ、パイナップルは日替わりで登場。小麦粉、バター、ミルク、砂糖だけのシンプルなレシピのため、クリームチーズとフルーツの味がいっそう引き立ちます。スコーンによってフィリングの入り具合が違っているのも手作りならでは。じっくり見つめて、なるべくたくさん入っているところを選びたいものです。

　ケースが空になっていても、がっかりしないで。10分くらい待てばキッチンから焼き立てが届くので、デリをチェックしながら待ちましょう。1 〜 2 日は美味しく食べられ、箱買いしてお土産にもおすすめです。

Hawaiian Foods　　　　　　　　　Chapter 3

1 | 2

1. ハワイアンコーヒー $5.50。サンドイッチ、パニーニ、パンケーキなどのメニューも。2. カウンター前で1時間も粘っていれば、グリーンの豆がローストされ、香ばしい芳香を放つまで、一部始終を見ることができます。

Honolulu Coffee Experience Center
ホノルル・コーヒー・
エキスペリエンス・センター

MAP：P.138 ／ホノルル
1800 Kalakaua Ave., Honolulu
TEL：808-202-2562
営：6:00 〜 18:00
休：無休
www.honolulucoffee.com

Hawaiian Coffee

N° 46
香り高いハワイのコーヒー

ハワイを代表するプレミアムコーヒー、コナコーヒーは、フルーティーで独特の酸味が持ち味。ライトからミディアムローストの焙煎が最も美味しく、ダークローストやエスプレッソにすると、せっかくの風味が失われてしまうのだそうです。そんなハワイのコーヒーのあれこれについて知りたかったら、エクスペリエンス・センターへ。ワイキキやアラモアナのショッピングセンター、ホテル内のカフェ、日本にも出店していますが、ここでは、コナコーヒーの歴史にまつわる展示や、豆のロースト風景を目の前で眺められます。

驚いたのは、ハワイ内のカフェで使われる豆はもとより、お土産用に販売されるコーヒー豆のすべてが、店内に設置されたロースター1台で焙煎されているということ。ハワイ島の自社農園から直送されるコナコーヒーは、10％ブレンドのマカヒキ、25％のコナブレンド、100％コナコーヒーがあり、毎日飲むならブレンドでも十分美味しいとのこと。さらに100％コナには、ファンシー、エクストラファンシー、ピーベリー、特別な農園の豆だけを厳選したエステートセレクションの4種類があります。価格も倍くらい違うので、テイスティングコーナーでじっくり味見をして選びたいものです。

Hawaiian Foods　　　　Chapter 3

1. チチダンゴ（右）はプレーン、ストロベリー、ブルーベリー、オレンジのフレーバーがあり1ポンド（約10個）$8。カラフルなダイフク各$1.25。アラモアナ・センターのシロキヤ、ドン・キホーテでも販売しています。2. ひとつずつ大切に包まれるチチダンゴ。

Nisshodo Candy Store
ニッショードウ

MAP：P.137 ／オアフ島
1095 Dillingham Blvd., Honolulu
TEL：808-847-1244
営：7:00 〜 16:00（土曜〜 15:00）
休：日曜
nisshodomochicandy.com

Chichi Dango

Nº 47
懐かしさを感じる、ハワイの和菓子

　チチダンゴ、モチ、マンジュウ……。これ全部、ハワイで作られている和菓子。日系人が多く暮らすハワイで、和菓子は人気のおやつです。老舗でもあるニッショードウの創業は1921年。広島県出身の日系移民ヒラオ・アサタロウさんが初代で、現在のオーナー、マイケルさんは三代目。工場に併設する店内に入るとハワイとは思えない雰囲気が漂い、日本の小さな商店街に、そのままあっても違和感ない雰囲気です。

　看板商品は、創業時からずっと作り続ける求肥のお菓子、Chichi Dango（チチダンゴ）。短冊状のひと口サイズの餅菓子が、味わいのあるロゴ入り包装紙に、一つひとつ包まれています。鮮やかなピンクやグリーン、オレンジの皮で、ココナッツ、リリコイなど、ハワイらしいあんを包んだものはDaifuku（ダイフク）です。「今はモチ粉を使っているけれど、おじいさんのころはお米から挽いていたんだよ」と話してくれたマイケルさんは元銀行家。先代のお父さんが病気になり、銀行を辞めて店を継ぐことにしたのだそうです。「四代目はいるの？」と尋ねる私に、「息子はカリフォルニアで働いているからね、継ぐ気はないだろうね」とマイケルさん。この味、懐かしい店構え、ずっと残してほしいと思うのは、きっと私だけではないはず。

Poi Mochi

Nº 48
アンクル・ラニの
ポイモチ

ポイとは、タロイモをつぶして発酵させたもの。かつてはハワイアンの主食であり、現在でもハワイ料理店のメニューに並ぶほか、スーパーでも販売しています。どろっとして粘り気があり、鮮やかな紫色をしているのが特徴です。このポイにモチ粉を加え、丸めて揚げたものがポイモチ。評判は聞いていたものの、フードトラックの移動販売だったため、なかなか遭遇する機会がなかったのですが、カポレイのショッピングセンターに出店したと聞き、食べに出かけました。屋台風店舗ながら、生地は店内で混ぜ、揚げたてを提供。リリコイ、マンゴー、グアバなどのソースもすべて自家製です。外側はカリッと、なかはモチモチ。ひと口サイズと素朴な甘さもよく、止まらなくなる味です。

1.12個入り $6、ソースをトッピングすると $7。1992年のオープン時から、ほとんど値上げをしていないそう。屋台風の小さな店に次々とロコが訪れ、買っていきます。

Uncle Lani's Poi Mochi
アンクル・ラニズ・ポイモチ

MAP：P.136／オアフ島
91-5431 Kapolei Pkwy., Kapolei
(カ・マカナ・アリイ内)
TEL：808-551-9961
営：10:00〜18:00（土曜〜18:30）
休：月・火曜

Li Hing Candy

N° 49
**乾燥梅干しのお菓子
リヒムイ**

―|―
　1

キングリヒムイ（大きい粒）1/4ポンド（約113ｇ）$5.95、ソフト＆スイーツ（小さい粒）1/4ポンド $4.45。パウダーはドラッグストアのロングス（P.058）で購入 $1.99。

Crack Seed Store
クラック・シード・ストア
MAP：P.139／ホノルル
1156 Koko Head Ave., Honolulu
Tel：808-737-1022
営：9:30 ～ 17:30
休：日曜

　梅干しのミイラにも見えるお菓子は、ロコが大好きなリヒムイ。ハワイのものではなく、中国産や東南アジア産の乾燥プラムに、砂糖と塩、漢方薬に使われる甘草を混ぜたパウダーをまぶしてあります。ハワイの人は子どもから大人まで、このリヒムイが大好き。スーパーやコンビニに並ぶ袋菓子みたいなものなのにもかかわらず、高級レストランのディナーメニューではソースやデザートの風味付けに使われることも珍しくありません。また、バーに行くとリヒムイをアレンジしたカクテルがある。そのくらいポピュラーなものなのです。カイムキにあるハワイ版駄菓子屋、『クラック・シード・ストア』では、ソフト、スイート、チリ味などの種類から選べ、量り売りで買えます。

Hawaiian Foods　　Chapter 3

1 | 2

1. 左から、オアフ島に咲く花々のハチミツをミックスした『ペレズ・ゴールド』、『マカダミア』、『オヒアレフア』。2.『オヒアレフア』のビン入り。価格はKCCファーマーズマーケットで、12ozのレイ付きベアボトル$12、9ozのビン入り$9。ワヒアワの直売所では、もう少し安く買えます。

Manoa Honey
マノア・ハニー

MAP：P.136／オアフ島
930 Palm Place, Wahiawa
Tel：808-445-1499
営：9:00〜15:00
休：土・日曜
www.manoahoney.com

Hawaiian Raw Honey

N° 50
ハワイ産100％、非加熱のハチミツ

　ハチミツの風味は花の種類の違いはもちろんのこと、採れた土地によっても異なるのだそうです。
「ハワイのハチミツには独特のコクがあって、日本でこの味は絶対に採れません」と教えてくれたのは、2014年からハワイで養蜂家として活動を始めたユキさん。『ホールフーズ・マーケット』(P.118)などで見かけるレイを着けたクマのボトルが、ユキさんが採取したハチミツです。マノア・ハニーという名称ですが、採取するのはマノア一帯だけでなく、ワイアナエ、ノースショア、ダイヤモンドヘッドなどオアフ島全域。酵素やビタミン、花粉といった栄養素が損なわれず含まれている非加熱のローハニーです。
「養蜂を始めて4年が経ち、コミュニティが広がってきました。日系の方たちには困ったときは本当によくしてもらいました。これからはミツバチを通してハワイのために何ができるか考えていきたい」とユキさん。
　現在、取り組んでいるのは、人類最古のお酒といわれているミードというハチミツのお酒造り。試作品を飲ませてもらったところ、ドライなスパークリングワインのようで、後味にかすかにハチミツの香りが残ります。完成予定は1〜2年後のこと。そのころもう一度、ここを訪ねることを楽しみにしています。

Hawaiian Foods　　　　　　　　Chapter 3

Honey Cream Pineapple

N° 51
フランキーズ・ナーセリーの白いパイナップル

　普通のパイナップルの糖度は19度くらい。けれどもフランキーさんの農園で採れるハニークリーム・パナップルは約28度、1.5倍近くの甘さがあります。このパイナップルを栽培する農園があるのは、オアフ島東部、ビーチタウンのカイルアに近いワイマナロ。園内を巡り、パイナップルを試食できるツアーがあると聞き、参加してきました。

　ツアーではグアバやリリコイ、サポテなど、世界中のトロピカルフルーツ約400種類が実る園内を1時間ほどかけて巡り、収穫しながら試食を楽しみます。終了後はお楽しみの、パイナップル試食タイム。その果肉はやや白っぽく、触ると果汁がねっとりしていて、ハチミツのような甘みととろけるような食感です。

　パイナップルの品種開発は、異なる種類の苗を近くに植えて自然受粉させ、採れた実から種を採取して育て、再び実ができたら味見をし、理想の味に近づくまで同じ工程を繰り返すのだそう。ひとつの品種を開発するために何年もかかる、気が遠くなるような作業です。フランキーさんが命を削るようにして完成させたパイナップル。ホールフーズ（P.118）、フードランド・ファームズ（P.131）などに並ぶことがありますが、採れたてを農園で食べる味は、また格別です！

1

1. 果肉が白っぽいため、ホワイト・パイナップルとも呼ばれるハニークリーム・パイナップルは、丸みを帯びた形が特徴、1ポンド（約450g）$6。ほかに、採れたてのマンゴー、グアバ、バナナなども販売しています。

注：ハワイで購入したパイナップルは日本へ持ち込めますが、植物検疫の検査が必要です。

【日本語ツアー】
Fruit Basket Tour
フルーツバスケット・ツアー

Tel：808-551-7026（Hawaii Eco Tours, LLC）
$88（所要5～6時間、ワイキキ内のホテルからの送迎、東海岸の観光付き）

Frankie's Nursery
フランキーズ・ナーセリー

MAP：P.137／オアフ島
41-999 Mahiku Place, Waimanalo
休：水・木曜

Hawaiian Foods　　　　Chapter 3

1 | 2

1. ハワイ島で収穫するノニから採れるジュースを、カイルアのファクトリーで瓶詰めしています。2. ノニジュース大 $13、小 $8。飲みやすいカプセルタイプもあります。ファクトリーにはスキンケア用品も並び、コスメショップやドラッグストアより30％安く販売しています。

Puna Noni
プナ・ノニ

MAP：P.137／オアフ島
201 Kapaa Quarry Rd.,#2001, Kailua
TEL：808-228-6986
営：9:00 ～ 15:00
休：土・日曜
www.punanoni.com

Noni Juice

Nº 52
**ハワイアン・スーパーフード
ノニのジュース**

　頭痛、生理痛、さらに高血圧、糖尿病にも効果があるといわれ、ミラクルフルーツの別名をもつノニ。6〜11世紀ごろ、ハワイへ渡ってきたポリネシア人が持ち込んだ植物で、少々グロテスクに見える実を収穫し、約6週間放置してグズグズになったものを絞ったものがノニジュース。ハワイの人たちは昔からこれを薬代わりに飲んできました。また、果実をつぶしたものに塩を混ぜ、切り傷や骨折を治す塗り薬としても使ったそうです。こんなふうに数々の素晴らしい効能をもつノニですが、難点はくさくてまずいこと。まずさは青汁の比ではなく、飲んだあとは顔じゅうにまとわりつく臭気に、しばらく耐えなければなりません。

　ところがこのノニを、おしゃれなブランドにしてしまったのがプナ・ノニ。1999年に創業したファミリービジネスで、ジュースに続き飲みやすいカプセルを開発。ノニ成分入りのハワイアンコスメも登場し、ハワイらしいルックスもあり、人気のお土産になっています。

　でも、まずいと聞けば聞くほど体によさそうで、興味が沸いてきませんか。ストレートで毎日味わうのは苦痛ですが、グアバやパイナップルジュースで薄めるとぐんと飲みやすくなります。朝起きたら水で口をゆすぎ、それから飲むのが最も効果的な飲み方だそう。

Mamaki Tea

Nº 53
古代ハワイアンの時代から
伝わるデトックスティー

ハワイ固有のハーブであるママキも、ハワイの人が薬代わりに活用してきたもののひとつ。イラクサ科の植物で、乾燥させたものをお茶にして飲みます。カテキン、ルチンなどの抗酸化物質とミネラルを多く含むのが特徴。デトックス効果が高く、昔からハワイアンは体と精神の浄化のために飲んでいたそうです。

ハーブティーのなかでも高価なものですが、ティースプーン1杯分の茶葉で3杯くらいは飲めます。熱湯を注いだら、10〜15分おいて十分抽出してから飲むのがポイント。また茶葉をお湯に入れたまま冷やし、冷蔵庫に一晩おくと、ほんの少しトロミと自然な甘みが加わります。ノニジュースと違ってほとんどクセがないので、食事とも合わせやすいお茶です。

1. 約30gで$14.95は、なかなかのお値段。茶葉そのままの形のもの、粉砕タイプ、ティーバッグなど、いろんなタイプがあります。

Whole Foods Market, Kahala
ホールフーズ・マーケット（カハラ店）
MAP：P.139／ホノルル
4211 Waialae Ave., Honolulu
（カハラモール1F）
TEL 808-738-0820
営：7:00〜22:00
休：無休
www.wholefoodsmarket.com/stores/honolulu

Lilikoi Butter

N° 54
カフク・ファームの
リリコイバター

―┼―
1

1.KCC ファーマーズマーケットでは、売り切れることが多いほど人気のリリコイバター $6。濃厚ななかに爽やかな酸味があり、チーズケーキ、マフィンなどのお菓子作りにも使えます。農園ではファームツアーも実施。

Kahuku Farms
カフク・ファーム

MAP：P.136 ／オアフ島
56-800 Kamehameha Hwy., Kahuku
Tel：808-293-8159
営：11:00 〜 16:00
休：火曜
www.kahukufarms.com

ハワイではパッションフルーツのことをリリコイと呼びます。果肉のなかに種がいっぱい詰まった甘酸っぱいフルーツは、パンケーキのソースやシェイブアイスのシロップ、デザートのほか、トロピカルカクテルにもよく使われます。リリコイバターは、レモンカードのパッションフルーツ版みたいなイメージ。ジャムよりもっと濃厚で、レモンカードより爽やかで酸味が穏やか。トーストやスコーンに直接塗ったり、アイスクリームにのせて食べるのもおすすめです。ノースショアにある『カフク・ファーム』製は、自家農園のリリコイで作るから、よりフレッシュな味わい。ファーム内の直売所のほか、KCC ファーマーズマーケットでも手に入ります。

Hawaiian Foods　　　　Chapter 3

Hawaiian Beer

Nº 55
ラベルで選ぶ
ハワイのクラフトビール

ピカケ、パイナップル、マンゴーを副素材に使ったMOKU IMPERIALは1本$9.99。リカーショップのほか、スーパーやコンビニにも、ハワイ各島で作られる様々なローカルビールが並んでいます。

Tamura's Fine Wines & Liquors
タムラズ・ファイン・ワイン&リカーズ

MAP：P.139／ホノルル
3496 Waialae Ave., Honolulu
TEL：808-735-7100
営：9:30〜21:00（日曜〜20:00）
休：無休
www.tamurasfinewine.com

　世界中で続く空前のクラフトビール・ブーム。ハワイも例外ではなく、ここ数年でワイキキ周辺だけでも6〜7軒のブリュワリーが登場しています。滞在中も冷蔵庫にビールを欠かしたことがない私。せっかく飲むならローカルのものを……と、これまでコナビールかマウイビールの缶を常備していました。でも最近、「これだけいろんなブランドがあるのだから、新しい銘柄を発掘しなくちゃ」と、カイムキのリカーショップへ出かけ、見つけたのがラニカイビールです。

　ラニカイといえば、"天国の海"の別名をもつラニカイビーチのこと。このビーチに近いカイルアのブリュワリーで作られているビールです。ビーチの夕景を描いたラベルにひかれて選んだ「MOKU IMPERIAL」はピカケの香りのIPA。フルーティーな香りを予想して飲んでみたら、ガツンとした苦みにびっくり。アルコール度数は8.1度とかなり高め。後味にかすかにピカケが香り、乾いたのどを潤すためにグイッと飲むというより、味わって飲むタイプのビールでしょうか。

　ブリュワリーで作りたてを飲むのもいいですが、リカーショップやコンビニでラベルから選ぶのも楽しい。気に入ったラベルのビールは、お土産にお持ち帰りすることにしています。

Hawaiian Foods　　Chapter 3

1 | 2

1. 鹿児島に伝わる伝統的手作り技法で作る、ハワイの芋焼酎「波花」$39.75。前日までにメールで問い合わせ、ハレイワにある蔵まで受け取りに行きます。
2. 仕込みのつど異なる品種の芋を使うため、味が少しずつ変わるのも、また楽しみ。

Hawaiian Shochu Company
ハワイアン焼酎カンパニー

住所　非公開
E-mail : kaloimo@gmail.com
※問い合わせ、予約はメールで

Nami Hana Shochu

N° 56
ハレイワで本格醸造する
ハワイの島酒、波花

　近ごろ、ハワイで話題になっているのが、日本人夫妻が作る本格芋焼酎。原料の芋はハワイ産ですが、鹿児島の老舗蔵で100年以上前に作られたカメに仕込み、杉の木樽で蒸留する、鹿児島に伝わる伝統的な手作り技法で醸造しています。ハレイワの蔵を訪ね、仕込みの現場を見せてもらいました。カメのなかでフツフツと発酵しているのは紫色のもろみ。この鮮やかな色から、クリアな焼酎ができるのかと思うと不思議。「初めてポイを食べたとき、ハワイの芋から焼酎ができるはずと、ピンときたんですよ」と、社長であり杜氏の平田さん。一年を通して鹿児島のサツマイモ収穫期のような気候が続くハワイ。火山の影響を受けた土壌もよく似ていて、ここで採れる芋が焼酎造りに向かないわけがないと思ったのだとか。そこで鹿児島の老舗蔵の門を叩き、修業を願い出ました。その行動力には驚かされるばかりですが、快く受け入れてくれた蔵のご主人も、あっぱれというほかありません。

　アルコール度数は30度と、少し高め。フルーティーですが、すきっとした飲み口で、芋くささはまったくなし。平田さんのおすすめは、氷が多めのロック。氷が解けるとき、香りがふわっと沸きあがってきます。するするのどに入っていくので、飲みすぎに注意！

Hawaiian Foods　　　　Chapter 3

1	2

1. オーク樽で熟成した KOHO、$45。ふくよかな樽の香りが感じられ、女性にはこれが飲みやすそう。2. 訪れた日はちょうど、サトウキビを絞る作業のまっ最中。テイスティングツアー（$25、21歳以上、ウェブサイトから要予約）に参加すると、ラム酒とともに搾りたてのサトウキビジュースの試飲ができます。

Manulele Distillers LLC
マヌレレ・ディスティラーズ（コハナ・ラム）

MAP：P.136／オアフ島
92-1770 Kunia Rd., Kunia
TEL：808-649-0830
営：10:00〜17:00
休：無休
www.kohanarum.com

Kohana Rum

N° 57
ハワイの原種サトウキビから作るラム酒

　サトウキビもまた、ハワイアンの祖先である古代ポリネシア人が、食料として持ち込みました。原種のサトウキビは水分が多く重いものだったそうですが、精製しやすいよう改良が進み、現在栽培されているのは、水分が少なく、糖分が多いものが主流になっています。ハワイで最初に栽培され、現在は絶滅しかけた原種に近いサトウキビに限定し、アグリコールという製法で作られたラム酒が、このコハナ・ラムです。

　多くのラム酒が、砂糖を精製する際に出る搾りかすを原料とするなか、アグリコールとはサトウキビから絞ったジュースを使う製法。この製法で作られているのは、世界中に流通するラム酒のわずか2％程度で、さらに、「単一品種のサトウキビで作っているのは、世界中でもここくらいだと思うよ」と醸造所を案内してくれたカイルさんは言います。ラム酒＝安いお酒、そして9割以上の物資を島外に頼るハワイで、古代ハワイアンが当たり前のように実践していた、持続可能な暮らしについて考え直すきっかけになれば、とこの事業を始めたそうです。

　ラム酒は、ベーシックなホワイトラムのKEA、オーク樽で熟成したKOHOなど全部で5種類。ツアーに参加すれば、すべて試飲できます。

Taro Chips

№ 58
タロイモのポテトチップス

ビールと相性のいいスナックの代表がポテトチップス。チップス系の種類の多さでは群を抜くアメリカですから、ハワイのコンビニにも選びきれないほどのバリエーションが並びます。定番のソルト&ビネガー、BBQ風味、マウイオニオン味や、アメリカ製なのになぜかワサビ風味、健康志向を反映したグルテンフリーのものも。そのなかで、メイドインハワイのチップスが、タロイモを使ったもの。「TARO CHIPS」または「KALO CHIPS」の名で販売され、「KALO」とはハワイ語でタロイモのこと。里芋の仲間であるタロイモは、ジャガイモに比べカロリーが低く食物繊維が豊富。チップスにすると、ガリっと硬めの食感になります。気休めかもしれないけれど、少しだけ体によさそう。

1. タロイモと、ほんのり甘いサツマイモのミックス $4.99。スライスし油で揚げただけの、シンプルなチップスです。

ABC Stores
ABCストア
MAP：P.140 ／ワイキキ
205 Lewers St., Honolulu
TEL：808-926-1811
営：6:30 〜 24:00
休：無休
www.abcstores.com

N° 59

Somen & Udon

N° 59
フラガールが目印の乾麺

1. うどんとそうめん、各 $2.79。うどんには、なぜか茹で時間の表示がありませんでしたが、8〜10分程度が目安。

Times Supermarkets
タイムズ・スーパーマーケット
MAP：P.139 ／ホノルル
1173 21st Ave., Honolulu
TEL：808-733-2466
営：6:00 〜 23:00
休：無休
www.timessupermarkets.com

　日系人が多く暮らすハワイでは、こういう和洋折衷というか、日ハをミックスした食材をスーパーでよく見かけます。フラガールの少々レトロなパッケージは、乾麺のローカルブランドとしておなじみ。そうめんの袋には、「茹で時間は3〜5分」とあり、「そんな茹でたら、グダグダに延びきってしまうんじゃないの？」と思い実際に調理してみたところ、4〜5分でちょうどいい感じ。うどんのほうは、8〜10分とパスタ並みです。同じブランドでソバ、チャウメンのほか、粉モノではきな粉、片栗粉、モチ粉（米粉のこと）、上新粉も。お味のほうはというと、日本製のほうがだんぜん美味しいには違いないのですが、このパッケージを見るとつい買ってみたくなるんですよね。

Hawaiian Foods　　　　　　　　　Chapter 3

Butter Mochi Mix

N° 60
ロコが大好きなおやつ
バターモチの素

1│2

1. スーパー、ドラッグストアで買えるバターモチミックス $8.99。これ1袋で 20 × 20cm くらいのケーキ型1個分が焼けます。

Safeway
セーフウェイ

MAP：P.139／ホノルル
888 Kapahulu Ave., Honolulu
TEL：808-733-2600
営：24時間
休：無休
local.safeway.com/safeway/hi/honolulu.html

　ロコの人たちが大好きなおやつの代表が、バターモチとハウピア（ココナッツプリン）。どちらも手軽に作れるミックス粉が販売されているから便利。ハウピアは、粉を水に溶かしてひと煮立ちさせ、冷やし固めるだけ。バターモチのほうが、少し手間がかかります。

　とはいえ、オーブンがあれば簡単。ミックス粉にバターと卵、水を加えて型に流し入れ、焼くこと約60分。その間、表面がこんがりと色づき、まん中がぷっくり膨らむのを眺めていると飽きません。オーブンから漂ってくるバターの香りもたまらない！　焼きあがったら、慌ててカットせず、少し冷まして生地が落ち着いてから切り分けることがポイントです。

　ローカルのスーパーへ行くと、すぐ食べられるものもありますが、ミックス粉使用とはいえ自分で作った美味しさはまた格別。外側に近い香ばしい部分と、まん中のしっとりした食感との違いを食べ比べるのも楽しい。バターの香りとモチモチ感が、一度食べると病みつきになるお菓子。このミックス粉があれば、日本でも食べたくなったらいつでも作って食べられます。水の代わりにココナッツミルクを使うと、よりハワイっぽい味わいになりますよ。ただし、かなりの高カロリーおやつ。食べすぎには要注意です。

Nº 61

Hawaiian Foods　　　　　　　　Chapter 3

Hawaiian Seasoning

N° 61
ハワイの定番調味料

　スーパーマーケットが大好き。スーパーはその土地の人々の暮らしぶりがわかる場所。なかでもハワイでは、ハワイアン、日系、アメリカ系、中国や韓国、東南アジアなどさまざまな国の食習慣がミックスしたおもしろいものが見つかり、興味は尽きません。

　ここで紹介するのは、ハワイのお宅でよく見かける調味料です。オレンジ色のハワイアンソルトは、鉄分を多く含むハワイの赤土の成分を海塩に付着させ精製したもの。「Alaea（アラエア）」と呼ぶ赤い塩を、古代ハワイアンは儀式やお清めに使っていたそうです。1946年、日系人が創業した小さな醸造工場からスタートしたのがアロハしょうゆ。BBQソース、テリヤキソース、ドレッシングやすし酢なども作っています。

　何度か登場しているモチ粉とは、もち米をすりつぶした米粉のこと。これを鶏肉にまぶして唐揚げにしたモチコチキンは、ローカル料理の代表です。一方、手軽な合わせ調味料で知られるNOHは、ポケミックス、ハワイアンカレーのほか、メキシコ、フィリピン、チャイナ、ポルトガルなど、多国籍な調味料を販売するメーカーです。どれもハワイのスーパーで買うことができるポピュラーな調味料。あれこれパッケージを眺めながら選ぶのが楽しいのです。

1	2
3	4

1. アラエア・シーソルトは定番のハワイアンソルト。大袋入りがお得 $6.39。2. 日ハ、ミックスの代表、アロハしょうゆ各 $2.68。お弁当のミニパウチがあり、それがまたかわいい！　3. モチ粉 $1.37。中袋はなく、箱の中にそのまま粉が入っているので、開封時は飛び散りに注意。4.NOHの調味料、各 $1.68。ハワイのほか東南アジアなどさまざまな国の味を再現できます。

Foodland Farms
フードランド・ファームズ

MAP：P.138／ホノルル
1450 Ala Moana Blvd., Honolulu
（アラモアナ・センター エヴァウイング 1F）
Tel：808-949-5044
営：5:00〜22:00
休：無休
www.foodlandalamoana.com

Pipikaula 【ピピカウラ】
秘伝のタレと、天井から吊るす"肉すだれ"が美味しさの秘密

数多あるハワイのレストランのなかから、大好きな店を挙げたら間違いなく5本の指に入るのがここ。ピピカウラとはハワイ風ビーフジャーキーのことなのですが、この店の「ビーフ・ショートリブ・ピピカウラ」は、他店のピピカウラとはまるで別物。とても肉厚で、ジューシーなことが特徴です。店に入ってまず目に入ってくるのは、キッチンの天井にずらりと吊された分厚いショートリブ。おばあちゃんのヘレナさんの代から伝わる秘伝のタレに、ひと晩漬け込んだ骨付きショートリブをこうして4時間干した後、油でじっくり揚げます。「ほかの場所に干したこともあるけれど、キッチンの天井がいちばん、いい具合に乾燥するんだよ」と、オーナーのクレイグさん。揚げたてを手づかみでかぶりつくと、カリッとした肉の下から肉汁があふれ出し、もう止まらない！ ワイキキからは少々不便な場所にあるため、そう度々はいけないのが残念でたまりません。先日、久しぶりに訪れたら、店のスペースが倍くらいに広がっていました。店は広くなっても、味も家族的な雰囲気もそのまんま。タクシーを飛ばしてでもぜひ一度、訪れてほしい店です。

ショートリブ・ピピカウラ（大）16.00。ポイがセットになったコンボは＄12～。

Helena's Hawaiian Food
ヘレナズ・ハワイアンフード

MAP：P.137／オアフ島
1240 N. School St., Honolulu
TEL：808-845-8044
営：10:00～19:30
休：土・日・月曜
www.helenashawaiianfood.com

おわりに

Aloha

旅はいつも
"ほしいもの"探し

永田さち子

2010年から拓さんと作り始めたハワイ本は、これが12冊目。9年間で私たちの"好きなもの"は、少しずつ変化してきています。でも、全く変わらないものがあるのも事実。この本では改めて初心に戻って、拓さんと私がずっと変わらず好きなものを中心に、最近気になっているもの、そしてハワイの人たちの身近にある、ごくごく普通のものも選んで紹介しています。すべてがメイドインハワイというわけではないけれど、昔から多くの人とともに物資も受け入れてきたハワイでは、いつしかそれが土地に根付き、人々の暮らしに寄り添っているものが少なくありません。ハワイには選びきれないほどたくさんのものがあふれているけれど、この本が「本当にいいもの」「好きなもの」を見つけるヒントになればうれしいです。

Afterword

Mahalo

"ハワイの空気"を
持ち帰ってほしい

宮澤 拓

写真を撮る際、いつも心がけていることがあります。それはその場の"空気"をできる限り写しとるということ。空気は透明だから写真にするのは難しいように思うけれど、東京には東京の空気があり、ハワイにはハワイの空気があって、それはなんとなく写真から伝わるような気がします。そしてそれぞれの土地の空気というのは、そこで生まれる様々な"もの"たちからも感じられます。旅先で記念品やおみやげを買うのは、その土地の"空気"を、思い出を、少しだけ持って帰るようなものです。この本でさち子さんと僕が選んでいるのは、そんなハワイが感じられるお気に入りの"もの"たちばかり。みなさんの"いいもの"探しの参考になれば、最高です。Aloha！

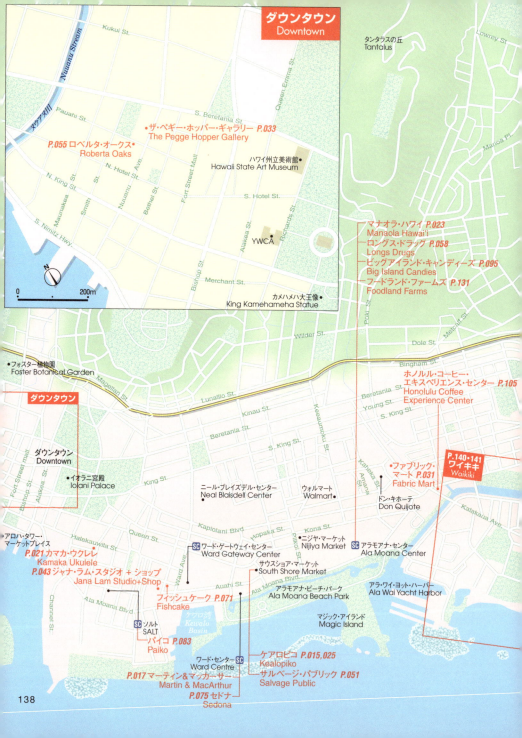

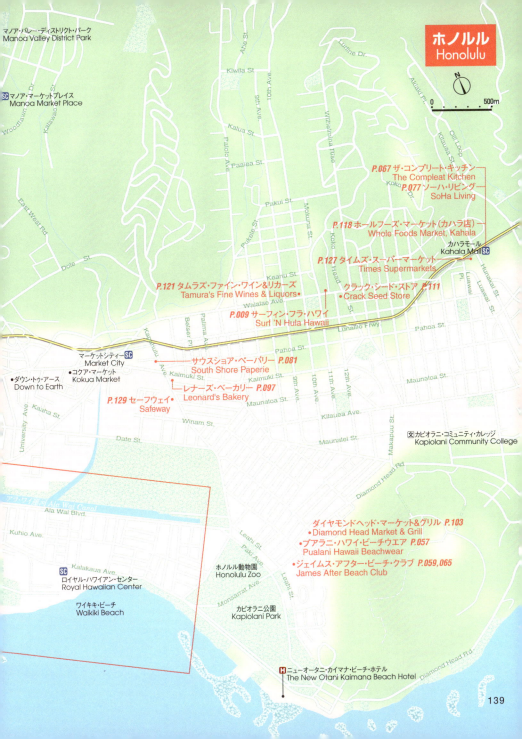

Kapiolani Blvd.

McCully St.

ア・ワイ運河 Ala Wai Canal

Ala Wai Blvd.

Niu St.

Pau St.

Kuamoo St.

Lewers St.

P.045, 069 オリーブ&オリバー
Olive & Oliver
ザ・サーフジャック・ホテル&スイム・クラブ
The Surfjack Hotel & Swim Club

Kalakaua Ave.

Kuhio Ave.

Ena Rd.

Hobron Lane

ザ・リッツ・カールトン・レジデンス ワイキキビーチ
The Ritz-Carlton Residences, Waikiki Beach

• コナ・ベイ・ハワイ **P.011**
Kona Bay Hawaii

Hobron Lane

Kaioo Dr.

Saratoga Rd.

Beachwalk

P.126 ABC ストア
ABC Stores

Kalia Rd.

P.089 ホノルル・クッキー・カンパニー
Honolulu Cookie Company

ワイキキ・ビーチ・ウォーク SC
Waikiki Beach Walk

トランプ・インターナショナルホテル・ワイキキ
Trump International Hotel Waikiki

Lewers St.

ハレクラニ
Halekulani

ヒルトン・ハワイアン・ビレッジ・ワイキキ・ビーチ・リゾート
Hilton Hawaiian Village Waikiki Beach Resort

P.079 ハレクラニ・ブティック
Halekulani Boutique

アウトリガー・リーフ・ワイキキ・ビーチリゾート
Outrigger Reef Waikiki Beach Resort

140

INDEX

【ア】

アアラ・ハーバル・バー＋アロマセラピー　'A'ala Herbal Bar+Aromatherapy	コスメ	073
アイランド・ヴィンテージ・コーヒー　Island Vintage Coffee	カフェ	040
アイランド・ヴィンテージ・シェイブアイス　Island Vintage Save Ice	スイーツ	086
アイランド・スリッパー　Island Slipper Store	サンダル	013
アンクル・ラニズ・ポイモチ　Uncle Lani's Poi Mochi	スイーツ	110
アンズ・ハワイアンキルト・スタジオ　Anne's Hawaiian Quilt Studio	ハワイアンキルト	019
ウィミニ・ハワイ　Wimini Hawaii	ファッション	053
ABCストア　ABC Stores	コンビニ	126
オリーブ＆オリバー　Olive & Oliver	ファッション	045、069

【カ】

カフク・ファーム　Kahuku Farms	ジャム	119
カマカ・ウクレレ　Kamaka Ukulele	ウクレレ	021
グアバ・ショップ　Guava Shop	雑貨	070
クラック・シード・ストア　Crack Seed Store	スイーツ	111
グリーンルーム　Greenroom	アート	035
グリーンルーム（シェラトン・ワイキキ店）　Greenroom (Sheraton Waikiki)	アート、雑貨	047
ケアロピコ　Kealopiko	ファッション	015、025
コアナニ　Koa Nani	ジュエリー	037
コナ・ベイ・ハワイ　Kona Bay Hawaii	アロハシャツ	011

【サ】

ザ・コンプリート・キッチン　The Compleat Kitchen	キッチン雑貨	067
ザ・ペギー・ホッパー・ギャラリー　The Pegge Hopper Gallery	アート	033
サーフィン・フラ・ハワイ　Surf 'N Hula Hawaii	アンティーク	009
サーフライン・ハワイ　Surf Line Hawaii	ファッション	049
サウスショア・ペーパリー　South Shore Paperie	雑貨	081
サルベージ・パブリック　Salvage Public	ファッション	051
ジェイムス・アフター・ビーチ・クラブ　James After Beach Club	雑貨	059、065
シグネチャー・アット・ザ・カハラ　Signature at The Kahala	スイーツ	091
ジャナ・ラム・スタジオ＋ショップ　Jana Lam Studio+Shop	ファッション	043
セーフウェイ　Safeway	スーパーマーケット	129
セドナ　Sedona	雑貨	075
ソーハ・リビング　SoHa Living	雑貨	077

【タ】

タイムズ・スーパーマーケット　Times Supermarkets	スーパーマーケット	127

ダイヤモンドヘッド・マーケット&グリル　Diamond Head Market & Grill	スイーツ	103	
タムラズ・ファイン・ワイン&リカーズ　Tamura's Fine Wines & Liquors	アルコール	121	

【ナ】

ニッショードウ　Nisshodo Candy Store	和菓子	109	

【ハ】

パイコ　Paiko	フラワーショップ	083
パタゴニア　Patagonia	ファッション	063
ハレクラニ・ブティック　Halekulani Boutique	雑貨	079
ハワイアン焼酎カンパニー　Hawaiian Shochu Company	焼酎	123
ビッグアイランド・キャンディーズ　Big Island Candies	スイーツ	095
ファブリック・マート　Fabric Mart	布地	031
プアラニ・ハワイ・ビーチウエア　Pualani Hawaii Beachwear	水着	057
フィッシュケーク　Fishcake	コスメ	071
フードランド・ファームズ　Foodland Farms	スーパーマーケット	131
プナ・ノニ　Puna Noni	ノニジュース	117
フランキーズ・ナーセリー　Frankie's Nursery	フルーツ	115
ヘレナズ・ハワイアンフード　Helena's Hawaiian Food	ローカルフード	132
ホールフーズ・マーケット（カハラ店）　Whole Foods Market, Kahala	スーパーマーケット	118
ホノルル・クッキー・カンパニー　Honolulu Cookie Company	スイーツ	089
ホノルル・コーヒー・エキスペリエンス・センター　Honolulu Coffee Experience Center	コーヒー	105

【マ】

マーティン&マッカーサー　Martin & MacArthur	コアグッズ	017
マナオラ・ハワイ　Manaola Hawai'i	ファッション	023
マヌヘアリイ　Manuheali'i	ファッション	027
マヌレレ・ディスティラーズ（コハナ・ラム）　Manulele Distillers LLC	ラム酒	125
マノア・ハニー　Manoa Honey	ハチミツ	113
マリエ・カイ・チョコレート　Malie Kai Chocolate	スイーツ	093
ムームー・ヘブン　Mu'umu'u Heaven	ファッション	029

【ラ】

ラブズ・ベーカリー　Love's Bakery	ベーカリー	101
リリハ・ベーカリー　Liliha Bakery	スイーツ	099
レナーズ・ベーカリー　Leonard's Bakery	スイーツ	097
ロベルタ・オークス　Roberta Oaks	ファッション	055
ロングス・ドラッグ　Longs Drugs	ドラッグストア	058

永田さち子　Sachiko Nagata

国内外の旅、食、ライフスタイルをテーマに雑誌を中心に寄稿。旅先へはランニングシューズを持参し、街角ウォッチングとともに身近な自然や小動物、かわいいものとの出会いを楽しみに快走中。著書に『自然のしごとがわかる本』（沼澤将夫と共著、山と溪谷社）、ハワイ本では『おひとりハワイの遊び方』、宮澤拓との共著『ハワイのスーパーマーケット』『ハワイを歩いて楽しむ本』『ハワイでしたい101のこと』（すべて実業之日本社）、『よくばりハワイ』『よくばりハワイ ビッグ・アイランド編』（翔泳社）、『ちょっとツウなオアフ島＆ハワイ島案内』（マイナビ）ほかがある。世界の旅情報サイト『Risvel』（www.risvel.com）にトラベルコラム「よくばりな旅人」を連載中。

宮澤拓　Taku Miyazawa

ハワイの気候、風土、そして人々に魅せられてオアフ島に移住。10年以上経った現在でも新しい発見は尽きず、ハワイの奥深さにただ感嘆し続けている日々。雑誌、広告の撮影を手がけるかたわら「自分たちの目線でハワイの魅力を伝えたい」という思いで、年に1〜2冊ペースでハワイをテーマにした書籍を制作中。永田さち子との共著に『よくばりハワイ』シリーズ（翔泳社）。『ハワイのスーパーマーケット』『ハワイを歩いて楽しむ本』（ともに実業之日本社）など多数。2015年夏、ハワイ在住のフォトグラファーたちとともにハワイの写真サイトwww.aosolaimages.comを立ち上げ、「一人でも多くの方々とハワイの魅力を共有したい」という気持ちで、今日もどこかで撮影に奮闘中。

My Favorite Hawaii Things
ハワイのいいもの ほしいもの

2018年11月27日　初版第1刷発行

著　者	永田さち子／宮澤拓
発行者	岩野裕一
発行所	株式会社 実業之日本社

〒107-0062　東京都港区南青山 5-4-30
CoSTUME NATIONAL Aoyama Complex 2F
電話（編集）03-6809-0452
　　（販売）03-6809-0495
http://www.j-n.co.jp/

印刷・製本　大日本印刷株式会社

文　　永田さち子
写真　　宮澤拓
イラスト　　岡本倫幸
ブックデザイン　　清水佳子（smz'）
現地コーディネート　　高田あや
地図制作　　株式会社 千秋社
企画編集　　岡田大和

©Sachiko Nagata, Taku Miyazawa 2018
Printed in Japan
ISBN978-4-408-33827-9（第一趣味）

本書の一部あるいは全部を無断で複写・複製（コピー、スキャン、デジタル化等）・転載することは、法律で定められた場合を除き、禁じられています。また、購入者以外の第三者による本書のいかなる電子複製も一切認められておりません。
落丁・乱丁（ページ順序の間違いや抜け落ち）の場合は、ご面倒でも購入された書店名を明記して、小社販売部あてにお送りください。送料小社負担でお取り替えいたします。ただし、古書店等で購入したものについてはお取り替えできません。
定価はカバーに表示してあります。小社のプライバシー・ポリシー（個人情報の取り扱い）は上記ホームページをご覧ください。